건축왕
정세권

일러두기
※ 이 책은 『건축왕, 경성을 만들다』(이마, 2017)의 개정판 도서입니다.

건축왕 정세권

집을 지어 나라를 지킨
조선 최초의
디벨로퍼

김경민
지음

와이즈맵

프롤로그

우리는 왜 정세권을 기억해야 하는가

내가 정세권이라는 인물에 관심을 갖게 된 것은 우연한 계기였다. 나는 주로 상업용 부동산시장을 연구하는 학자이다. 글로벌 오피스 시장의 가격을 예측하는 모형을 만들고, 세계 주요 도시들의 오피스 시장을 비교 분석하는 것이 내 연구 주제다.

2009년 서울대에 부임해 한국에 온 이후, 용산국제업무지구 개발 과정을 지켜보았다. 사업은 글로벌 스탠더드와는 전혀 다르게, 매우 비정상적으로 진행되고 있었고, 나는 결국 파산을 예측했다. 이 판단은 2011년 『도시개발, 길을 잃다』에 기록되었고, 실제로 2013년 그 예측은 현실이 되었다.

그러나 나는 단순히 거대 개발의 실패를 지적하는 데 멈추고 싶지 않았다. 부동산시장을 연구하는 학자로서, 공정한 부동산 개발이 가능하다는 점―즉 지역의 역사와 장소성, 그리고 자원을 존중하면서도 개발이 이뤄질 수 있다는 점―을 공유하고 싶었다.

그 가능성을 보여주는 한 사례로 나는 당시 대부분의 사람이 존재조차 몰랐던 익선동에 주목했다. 2011년 당시 익선동은 골목에 쥐가 죽어 있고, 고양이가 지붕을 넘나들며, 쪽방이 남아 있던 쇠락한 지역이었다. 그러나 내 눈에는 서울 한복판에 한옥이 집단적으로 펼쳐진, 보석 같은 공간으로 보였다.

하지만 그 무렵 익선동은 재개발 구역으로 묶여 있었다. 그래서 나는 프레시안에 연재를 하고 『리씽킹 서울』이라는 책을 출간하면서 재개발 해제를 호소했다. 다행히 익선동은 2013년 재개발 구역에서 해제되었다.

부동산시장을 분석하는 학자의 입장에서, 내 관심은 자연스럽게 '그렇다면 도대체 누가 이 보석 같은 곳을 처음 개발했는가'라는 질문으로 이어졌다. 조사 결과 익선동 166번지를 개발한 디벨로퍼가, 오늘날 북촌 한옥마을의 중심인 가회동 31번지―남산을 배경으로 사진을 찍는 대표적 장소―를 개발한 인물과 동일인임을 알게 되었다. 더 나아가 그가 서울 곳곳에서 한옥 개발을 주도한 인물임을 알게 되었고, 직감적으로 "어쩌면 대단한 인물일지도 모른다"는 추론을 하게 되었다.

그 추론은 곧 사실로 드러났다. 그는 물산장려운동의 후원자였고, 조선어학회의 재정적 후원자였으며, 신간회를 지원한 인물로 이름을 드러내고 있었다. 그러나 당시 정세권에 대한 정보는 파편적으로 흩어져 있었고, 그의 거대한 삶을 하나로 이어내는 작업은 유족들과의 직접적인 소통 없이는 불가능하다고 느껴졌다.

그래서 나는 프레시안 연재 말미에 '꼭 유족분들이 연락을 주시길 바란다'는 작은 한 줄을 남겼다. 놀랍게도 정세권 선생의 증손자가 그 글을 읽고 연락을 주었고, 손녀따님과 인연이 닿게 되었다.

그렇게 지금은 작고하신 첫째 따님 정정식 교수님(이화여대 피아노과 명예교수)과 막내 따님 정남식 선생님, 그리고 손녀이신 정희선 교수님과 김재원 교수님을 만나면서, 나는 유족만이 들려줄 수 있는 생생한 이야기를 접할 수 있었다. 특히 정정식 교수님의 "아버지(정세권 선생)는 항상 말씀하셨어요. '사람 수가 힘이다. 일본인의 북진을 막아야 한다'"는 말은, 우리가 오늘날 보는 한옥들이 단순한 주거 공간이 아니라 시대적 소명을 담아 지은 것임을 느끼게 하였다.

이 언급을 계기로 나는 1920~30년대 일제의 강압적 도시계획과 개발 정책이 피식민지 조선인에게 얼마나 폭압적으로 다가왔는지를 분석하였다. 북촌은 단순히 조선인 밀집 주거지가 아니라, 조선인의 삶과 터전을 지켜내기 위한 일종의 '투쟁의 현장'이었다. 따라서 오늘날 우리가 보고 있는 북촌과 익선동의 한옥 집단지구는 단순한 건축물이 아니라, 조선인의 주거권을 지켜낸 민족적 문화구다.

정세권은 일제강점기라는 혹독한 시대에 거대한 부를 일군 기업가였다. 그러나 그가 택한 길은 부와 권력을 자신의 안락을 위해 쓰는 것이 아니었다. 그는 민족의 삶을 지켜내고, 민족의 미래를 열기 위해 자신의 부를 내놓았다. 누구보다 성공한 사업가였지만, 그는 민족운동가의 길을 걸었다.

그는 물산장려운동을 실질적으로 이끌었다. 단순한 재정적 후원자가 아니라, 실행과 조직 운영의 주역으로 뛰어들어 "조선인의 손으로 조선의 물자를 쓰자"는 외침을 현실로 만들었다. 기업가로서의 자본과 경영 능력을 민족운동에 결합시킨 보기 드문 인물이었다.

또한 그는 조선어학회를 후원하며 우리말과 우리글을 지키는 일에 앞장섰다. 식민 권력이 조선어를 억압하고 민족의 정신을 말살하려 할 때, 그는 학자들이 언어를 연구하고 사전을 편찬할 수 있도록 자금을 지원했다. 언어는 곧 민족의 혼이라는 사실을 그는 누구보다 잘 알고 있었다.

그러나 그 선택은 그에게 무거운 대가를 안겼다. 그는 조선어학회 사건에 연루되어 가혹한 조사를 받았고, 평생 쌓아 올린 재산 상당 부분을 잃었다. 권력과 타협했다면 부와 지위를 지킬 수도 있었을 것이다. 그러나 그는 끝까지 민족과 함께하는 길을 선택했다. 그 결과, 그가 일군 부는 사라졌고, 가족 또한 큰 어려움을 겪어야 했다.

정세권의 삶은 한 개인의 서사가 아니다. 부를 일군 기업가가 그 부를 민족을 위해 기꺼이 내놓고, 다시 권력에 의해 모든 것을 잃어버린 시대의 초상이다.

오늘날 많은 사람이 글로벌 핫플레이스로 변모한 익선동과 북촌을 찾는다. 한옥마을의 아름다운 외향에 심취하고 멋진 사진을 남긴다. 그러나 이제 더 나아가 이 지역을 개발한 사람이 누구였는지, 그가 어떤 철학을 가지고 개발에 임했는지, 그리고 이 지역이 민족 주거권에서 어떤 의미를 지니는지를 되새겼으면 한다.

김경민

◆ 조선 최초의 디벨로퍼이자 민족운동가 ◆

기농 정세권
(1888년 4월 10일~1965년 9월 14일)

"나는 더 나은 세상을 꿈꾼다"
개천에 난 용, 경성에 입성하다

1888년 경상남도 고성군 하이면 덕명리에서 태어났다. 어려서부터 총명하여 12세에 진주 백일장에서 장원을 하였고, 진주사범학교의 3년 과정을 1년 만에 수료하였다. 졸업 직후인 1905년에 어린 나이에 참봉에 제수되었고, 1910년 하이면 면장이 되었다. 저축계 발족, 방풍림 조성 등 생활 환경 개선에 힘쓰며 전국 우수 면장에 선정되었다. 1919년에 새로운 꿈을 안고 경성으로 이주하였다.

"일본인은 절대로 종로에 발을 못 붙이게 해야 한다"
경성 뉴타운을 개발한 디벨로퍼의 탄생

1920년, 조선에서 회사를 설립할 경우 조선총독부의 허가를 받도록 규정한 회사령이 폐지되자마자 정세권은 우리나라 최초의 부동산 개발회사 '건양사'를 설립했다. 건양사는 기존의 중요한 주택건축양식인 한옥과 서양식 문화주택, 일본인이 선호하는 일본식 주택을 배척함으로써 개조한 도시형 한옥을 지었다. 그가 경성 곳곳에 건설한 근대식 한옥집단지구는 포디즘에 기초한 미국 대형 개발회사들의 대규모 개발과 궤를 같이할 정도로 도시개발사적 의미가 있다. 한옥집단지구의 한옥은 과거의 전통 한옥과 비교했을

때 매우 작은 규모였는데, 그가 10평대 전후의 한옥을 건설하고 주택금융사업을 한 것은 중산층 이하 서민들에게 좋은 품질의 주택을 제공하고자 했기 때문이다. 즉 실용적이면서 전통의 멋을 잃지 않은 조선식 주택을 다양한 계층의 조선 사람들에게 제공한 것이다. 결과적으로 북촌 여러 지역에 건설된 한옥집단지구 대단지에 이전보다 많은 수의 조선인이 거주할 수 있었고, 일본인 거주 지역이 남촌을 넘어 북촌으로 확장되는 것을 막을 수 있었다.

"우리말, 우리글이 없으면 조선도 없다"
민족운동에 참여한 대자본가

주택사업으로 대자본가가 된 정세권은 조선물산장려회관을 본인 자금으로 건설하고 막대한 운영 비용을 분담했다. '조선물산 염매시(물산 판매활동)'를 이끌면서 조선물산장려운동의 황금기를 이루었다. 그가 없었다면 조선물산장려운동은 기억되지 못했을 것이다. 그는 평소 항일의식을 잃지 않았고 한복 두루마기를 즐겨 입었다. 그 후 그는 조선어학회 회관을 건설하고 조선어학회 재정을 지원했다. 민세 안재홍과 고루 이극로는 조선물산장려운동과 조선어학회 활동을 함께한 일생의 동지였다. 이들의 관계는 신흥 자본가와 언론 그리고 학계가 함께한 민족운동 전선이었다. 그러나 민족운동에 대한 대가는 참혹했다. 정세권은 1942년 조선어학회 사건으로 투옥되어 심한 고문을 당하고 재산의 상당 부분을 일제에 빼앗기고 사업도 쇠퇴하게 된다.

조선어학회 '십일회' 사진. 첫 번째 줄 왼쪽에서 두 번째가 정세권이다.

"언젠가 내가 만든 집이 사람들의 희망이 될 것이다"
북촌, 익선동 한옥마을 건설자의 말로

정세권은 한국전쟁 도중 폭격으로 다리에 심한 부상을 입는다. 가족들을 먼저 피신시킨 그는 서울에 남아 왕십리 행당동 지역을

정세권 가족 사진

개발한 후, 경남 고성군 하이면 덕명리로 낙향해 생을 마감했다. 1965년, 그가 세상을 떠난 뒤 발견된 유품은 쌀 몇 되와 놋주발 한 벌, 그리고 조선어학회 후신인 한글학회가 펴낸 『큰사전』이 전부였다. 유족들은 그가 고향에서 불우한 말년을 보냈다고 하나, 필자는 동의하지 않는다. 그는 매우 활동적인 행동가였고, 경성을 만든 기백으로 고향 덕명리에서 자급자족적 주거환경이 가능한지를 열심히 실험했다. 그리고 자신이 죽은 뒤 국가보훈처에서 사망일을 모를 만큼 잊힌 것에 대해 애석해하지 않으리라 본다. 이를 아까워했을 인물이라면, 평생 모은 거대한 자본을 조선물산장려회와 조선어학회에 쏟아붓지 않았을 것이다. 정부는 뒤늦게 그의 공훈을 인정하여 1968년에 대통령 표창을 추서했다. 1990년에는 건국훈장 애족장을 추서했다. 그리고 그의 유해는 고향에 안치되었다가 2016년에 국립대전현충원으로 이장되었다. 우리가 기억해야 할 정세권은 자수성가한 대사업가였고, 독립운동가였으며, 출판인이었고, 사회운동가였다. 그리고 서구의 도시 이론가에 필적할 만한, 경성을 바꾼 도시계획 이론가이자 실천가였다.

국립대전현충원 정세권 묘비

차례

프롤로그 우리는 왜 정세권을 기억해야 하는가 005

정세권 소개 조선 최초의 디벨로퍼이자 민족운동가 010

제 1부

근대적 디벨로퍼의 출현,
토지 전쟁의 서막이 오르다

경성이 어찌 조선사람의 경성인가 023

사람은 몰려드는데 살 집이 없다 029

암울한 시대, 북촌에 일본의 그림자가 짙어지다 035

기어코 이 지역만큼은 일본인에게 내주지 않겠다 044

제 2부

조선이 낳은 천재,
건축왕 되다

경성 땅을 지킨 근대적 디벨로퍼들 053

북촌 한옥마을이 탄생한 이유 058

거대한 꿈을 품은 경성의 건축왕 068

기회의 땅 북촌에 터를 잡다 074

전방위적 부동산 거대 기업을 일구다 080

건축왕의 놀라운 불황 타개 전략 087

80년 전의 대규모 기업형 주택임대사업 095

더 위생적이고 더 실용적이고 더 경제적인 주택 개발을 위한 노력 102

건양사 경성 개발의 빛나는 가치 108

일제의 뉴타운 개발에 맞선 왕십리 토지 전쟁 121

제 3부

우리 집, 우리글을 지켜낸
민족운동가 정세권을 기억하라

신흥 민족 자본가와 민족 언론인의 연대 137

조선물산장려운동의 황금기를 열다 145

"백난중분투하는 정세권 씨에게 감사하라" 153

회사를 희생하면서까지 조선물산장려운동을 지원했는데도 165

낙원동 300번지 붉은 벽돌집의 추억 173

대자본가의 위험한 독립운동 182

일제가 고문을 하고 재산을 앗아가니 190

한국 사람은 한국 문화로 더 밝아지게 197

건축왕은 가고 아름다운 한옥마을만 남아 205

에필로그 기농 정세권을 기리며 218
참고문헌 및 자료 출처 222
그림자료 출처 229

"조선 집이어야 조선 사람이 살기 편하다."

기농 정세권

제 1부

경성은 조선의 모든 중심이었다.

근대적 디벨로퍼의 출현,
토지 전쟁의 서막이 오르다

경성이 어찌 조선사람의 경성인가

1920년대 조선인들은 경성이 일본인에게 점령될지 모른다는 심각한 두려움에 휩싸여 있었다. 1910년 일제의 조선 강점 이래, 일본이 정치 행정적으로 경성을 지배하는 것에 머무르지 않고 경제적으로도 조선인을 억누를 것이라는 두려움이었다. 조선인들이 일본인들에게 종속되고 궁극에는 조선인의 경성이 아닌 일본인의 경성으로 바뀔 것을 염려했다.

> 대경성을 계획하고 대도시를 설계하는도다. 나날이 발전하고 나날이 융성하는도다. 그러나 그 융성하는 경성이 어찌 조선사람의 경성인가, 조선사람은 (자본이 없기에) 집을 팔아먹고 땅을 팔아먹고 도망하되, 일본사람은 그 반대로 사고 얻고 하여 일일이

물밀듯이 경성에서 발전 팽창하여 가는도다. 이와 같이 조선인의 경성은 망하여 가고 일본인의 경성은 흥하여 가는도다!(『동아일보』 1923. 3. 6)

이와 같이 일면 일본사람이 왕성하는 동시에 조선사람은 멸망하여 가는도다. 조선사람은 먹을거리가 없는지라. 어찌 망하지 아니하기를 바라며, 수입의 길이 없는지라 어찌 그 집과 땅을 지키고 이 경성을 자기가 살고 있는 도시로 삼을 수 있을 것인가. 조선사람으로서는 멸망하여 가는 경성을 생각할 때마다 가슴이 아프고 원한의 피가 끓는도다.(『동아일보』 1923. 3. 7)

당시 연희전문 이순탁 교수는 다음의 『동아일보』 기고에서 비참한 심정을 드러냈다.

(경성은) 조선의 모든 중심이었다. 금일까지도 조선사람에게는 경성은 조선의 중심과 같이 생각될 뿐 아니라, 외국인에게도 그렇게 생각되는 것 같다. 그러나 경성은 벌써 조선의 중심이 아니다. 조선인의 중심이 아니다. 즉 경성은 조선의 중심이 아니라, 게이조의 중심이며, 조선인의 경성이 아니라 일본인의 경성이다. 경제 방면으로 보아서 그러한즉, 다른 방면이야 말할 것도 없을 것이다.(『동아일보』 1927. 1. 5)

그림 1 '경성이냐? 게이죠냐?'(『동아일보』 1927. 1. 5)

    그는 특히 일본인들이 조선인들보다 더 많은 토지를 소유하고 있는 상황을 우려했다. 당시 경성부 토지 면적은 대략 1,000만 평 정도였는데, 국공유지를 제외한 사유지(조선인, 일본인 및 기타 외국인 보유 토지)는 대략 440만 평으로 전체의 44%에 이르렀다. 이 중 조선인 소유는 약 159만 평인 데 비해 일본인 소유 토지는 164만 평이

넘었다. 기타 외국인 토지가 113만 평이었다고 하니, 조선인 소유 토지 비중은 전체의 16%가 되지 않는 상황이었다. 특히 국가체제를 일제에게 강압적으로 빼앗긴 상황에 국공유지와 일본인 사유지를 모두 합하면 일제 또는 일본인이 확보한 토지는 무려 경성 전체의 72%에 이르렀다.

조선인 소유의 토지 면적이 일본인보다 적다는 것은 이미 토지 시장에서 조선인들이 열세에 몰려 있음을 뜻한다. 하지만 더 큰 문제는 토지의 질적 측면이었다. 토지의 질적 측면은 토지가 도시의 어느 지역에 위치하느냐와 관련된다. 예를 들어 명동처럼 유동 인구가 많은 지역의 토지와 서울 변두리 지역의 토지를 비교하면, 비록 면적이 같더라도 토지 가격의 차이는 실로 크다. 따라서 토지 시장에서 더 중요한 부분은 토지의 규모(양)보다는 토지 가격(질)이다.

토지 가격을 보면 조선인과 일본인 간의 불평등은 더욱 심화되었다. 조선인 보유 토지 가격은 879만 원 정도인데 반해, 일본인들이 보유한 토지 가격은 78% 이상 높은 1,566만 원에 이르렀다.

조선인과 일본인 보유 토지 규모의 차이가 그리 크지 않은 상황에서 일본인 보유 토지 가격이 조선인 보유 토지 가격에 비해 훨씬 높다는 것은 요지의 토지들을 일본인들이 소유했음을 뜻한다.

당시 조선인 인구가 일본인 인구보다 3배나 많았다. 따라서 1인당 보유 토지 규모와 가격을 고려하면 조선인의 처지는 심각하게 열악하고 불리한 상황이었다.

> 큰 집과 좋은 땅은 전부 일본인 소유 : 해마다 조선사람의 소유 토지나 가옥은 (……) 조선사람의 손을 떠나 다른 사람의 손으로 건너가고 (있기에) (……) 머지않은 장래에 조선사람은 다소 시기의 장단이 있을 뿐, 전부가 걸인이 될 것을 추측할 수가 있다. (……) 인종별로 보면, 값이 비싼 중앙번영지대는 전부가 일본사람과 외국인이요. 조선사람은 모두 산밑 움막살이 초가집이 대부분이다.(『조선일보』 1927. 12. 11)

토지를 보유하려면 당연히 경제력이 뒷받침되어야 하는 바, 1923년 조선총독부 자료(통계연보)에 따르면 경성 거주 조선인 20만 명 중 호별세(1년 소득 1,000원 이상인 사람이 납부하는 일종의 소득세)를 납부하는 이는 2,000명으로 1%에 불과했으나, 일본인은 7만 6,000명 중 9,500명이 납부했다. 통계상으로 경제력을 갖춘 조선인은 일본인의 1/4 수준밖에 되지 않았다.

따라서 조선인이 일본계와 경쟁하여 토지를 확보하는 것은 매우 힘든 일이었다. 경성의 조선인들은 경제적 힘이 미약했기에 그들의 미래를 두려워했고, 조선인의 경성이 아닌 일본인의 게이조로 바뀔지도 모른다는 공포에 휩싸였다.

> 경성 조선인이 일본인보다 비록 3배가량 많이 있다고 하더라도 경성이라는 곳의 소유자가 되지 못하고 오직 그 집의 고용인사역

자(일본인 토지주 또는 기업주에 고용된 조선인)밖에 되지 못하면, 벌써 그 집의 주인은 아니다. 경성은 벌써 '경성'이 아니다. 경성은 '게이조'다.(『동아일보』 1927. 1. 5)

◆ ◆ ◆
사람은 몰려드는데 살 집이 없다

1910년 일제 강제 합병의 결과, 조선의 한성부는 경성부로 이름이 바뀌고 식민도시로 전락하며 수도의 지위를 상실하게 된다. 더 나아가 일제는 조선의 수도였던 경성의 위상을 깎아내리고자 1914년 행정 구역을 개편했는데, 이 조치로 경성의 범위가 크게 축소되었다.

조선이 일제에 식민화되면서 정치 행정 업무에 종사하던 조선인들은 생활 근거를 상실했고, 이들 다수는 경성을 떠났다. 또 1910년대 일제의 강압적 무단통치를 피해 만주와 중국으로 이주한 조선인도 많았다.

경성에 거주했던 조선인들이 떠났음에도, 경성의 총인구는 1910년 강제합병부터 1910년대 말까지 큰 변화 없이 대략 25만 명선을 유지했다.

조선인들이 빠진 자리를 일본인들이 채웠기 때문이다. 1910년부터 1920년까지 불과 10년 사이 일본인 수는 5만 5,000명에서 6만 5,000명으로 10% 이상 늘어났다.

그런데 경성의 인구가 정체된 1910년대가 지나고 1920년이 되면서 경성은 새로운 변화를 겪게 된다. 이전과는 다른 차원의 산업화와 도시화를 경험하게 된 것이다.

1920년, 회사령이 철폐되어 회사 설립이 허가제에서 신고제로 바뀌면서 경성에 각종 회사와 공장들이 설립되기 시작했다. 당연히 일본인들이 건설한 회사와 공장이 압도적으로 많았다. 1920년에

그림 2 경성 경계의 변화(서울특별시사편찬위원회 편,『서울육백년사』4권, 서울특별시, 1981, 197~198쪽)

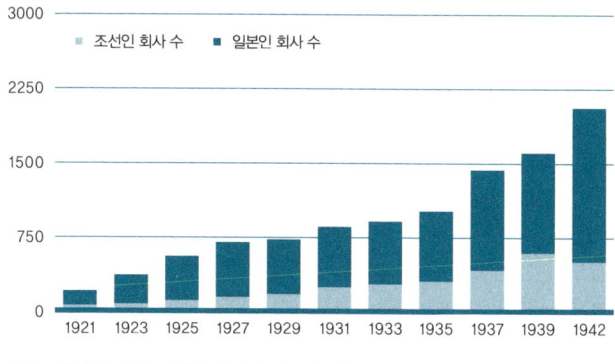

도표 일제강점기 조선인 회사와 일본의 회사의 변화

200여 개에 불과했던 회사의 수는 1930년 900여 개에 이르러 10년간 무려 4.5배나 성장했다.

이러한 성장의 기류 속에 나타난 가장 큰 특징은 소비도시 경성이 생산도시로 변화하기 시작한 것이다. 1928년 『동아일보』 기사는 경성이 "소비도시에서 생산도시로 일변"하고 있고, "사업체가 14년 전과 비교하면 6배가 늘었다"고 밝히고 있다.

> 일본사람이 경영하는 공장은 대활기를 띠어 작금량년에는 대자본이 들어와서 시내 공업지대를 엿보는 중이며 널리 시외까지 공장터를 엿보는 중으로 공업지대로 변한다는데 경성의 장래는 우리에게 관계없는 생산적 도시가 되리라 한다.(『동아일보』 1928. 10. 17)

사업체가 증가하면서 자연적으로 많은 노동력이 필요했는데, 이는 지방에서 토지를 일제에게 빼앗긴 계층이 도시로 이주하면서 충당되었다. 1918년 토지조사사업이 완료되고 1920년 산미증산계획이 시작되면서 조선의 농민층은 토지를 빼앗기며 경제적으로 몰락했는데, 이들은 그나마 자신들의 노동력으로 일을 할 수 있는 공장이 위치한 도시로 이주했다.

경성이 산업도시라는 특징을 띠기 시작하면서 경성 소재 공장들은 자연스럽게 노동력을 필요로 했고, 농촌의 빈농들이 경성으로 몰려들게 된 것이다. 그렇다고 경성으로 모여든 빈농들이 모두 일자리를 구할 수 있는 상황은 아니었기에, 도시 내 주거빈민(걸인)은 큰 사회 문제가 되었다.

> 근일 서울 시내에는 걸인이 많이 증가하였다. 앞으로도 더욱 증가될 형세로, 농촌 형편이 곤란하여 시골서 살 수 없는 사람이 상경한 까닭이다.(『동아일보』 1924. 8. 29)

비단 몰락한 저소득 농민층만 경성으로 몰려든 것은 아니다. 1919년 3·1운동 이후 실력 양성에 대한 사회의식이 높아진 가운데, 북촌을 중심으로 각종 학교가 세워지면서 제공되는 근대 교육의 기회는 지방 부유층에게 경성을 매력적인 주거지로 만들었다. 여기에 보건의료체계 개선으로 사망률이 감소하고 출생률이 증가하면서 자연증가율도 상승했다.

이로 인해 경성의 인구는 25만 명(1920년)에서 39만 명(1930년)으로 10년 사이에 56% 폭증했고, 불과 15년 후인 1935년에는 1920년 대비 76% 증가한 44만 명에 이르게 된다.

1920년대 경성이 산업도시로 변화하는 과정에서 나타나는 특징은 19세기 유럽 도시들이 산업도시로 변화하는 과정의 특징과 매우 흡사하다. 산업혁명의 와중에 수많은 공장이 유럽 도시 안에 세워지고, 공장에는 높은 노동력이 필요했다. 그리고 이 노동력은 대개 농촌지역의 몰락한 빈농들의 이주로 충당되었다.

중세시대의 모습을 간직하고 있던 이 도시들(지리적으로 매우 작은 면적의 도시들)은 엄청난 인구(노동력) 유입으로 각종 문제점과 마주하게 된다. 작은 규모의 도시에 적정 수준 이상의 인구가 갑작스레 몰려들면서 매우 과밀해지고, 주택 공급이 이를 따라가지 못해 심각한 주택 부족 문제가 발생했다. 주거 환경도 매우 비위생적이었고 도시 빈민이 양산되었다.

1920년대 산업도시 경성은 유럽 도시들의 산업화 과정에서 나타난 동일한 문제점을 고스란히 보여주었다. 하지만 이 문제는 피식민 계층인 조선인에 집중되었다.

> 현재 경성의 가장 절박한 중대 문제 중의 하나는 경성부민의 주택문제이다. (……) 경성을 찾아오는 사람으로 놀래는 것은 경성부민의 태반이 제 집을 가지지 못하고 (……) 일본인은 21,034

호(거주 가구 수)에 개인 소유 14,222가(가옥)와 관사 2,299가(가옥)를 합하면, 16,521가(가옥)로 약 5,200집이 부족한 셈인 데 반해, 조선인 측은 49,259호(거주 가구수)의 230,732인이 24,044가(가옥)에 들어 살고 있으니, (……) 현재의 배 이상의 집이 필요한 것으로 되어 있어, 조선인 측의 주택문제는 일본인에 비하여 일층 심각한 형편이다.(『중외일보』 1929. 11. 8)

◆ ◆ ◆
암울한 시대, 북촌에 일본의 그림자가 짙어지다

　일본인들이 조선에 들어와서 정착하기 시작한 시점은 19세기 후반으로, 그들의 거주 지역은 일본공사관이 위치했던 진고개 일대(현재 예장동에서 충무로 1가에 이르는 지역)였다. 당시 반일감정이 높았던 사회 분위기로 말미암아 신변 안전에 유리한 공사관 주변에 주거지를 정한 것이다.
　시간이 지나면서 일본인들의 거주 지역은 지속적으로 팽창했다. 1895년 청일전쟁의 승리 이후 당시 경성 남부 지역에 자리 잡았던 중국인 상권을 몰아내면서, 일본인들의 공간적 점유는 진고개를 넘어 남대문로 일대로 확장되었다. 그리고 1896년 일본영사관이 지금의 신세계백화점 자리로 이전하면서, 경성 남부 지역에서 일본인 세력은 더욱 공고해졌다. 러일전쟁의 승리와 한일강제병합으로 마침내 조선에서 지도적 위치를 확보한 일제는 경성 남부 지역을 그들의 전용공간으로 만들어버렸다. 1910년대 중반(1917년)에 이르러서는 본정(충무로), 대화정(필동)뿐 아니라 남대문로 1, 2, 3, 4가까지 대부분의 필지가 일본인 소유로 넘어가게 되었다.

〈그림 3〉에서 보듯이, 식민지 지배층인 일본인과 피지배층인 조선인 거주지는 공간적으로 명확히 분절되어 있었다. 청계천 이남 남촌 지역은 일본인, 그리고 청계천 이북 북촌 지역은 조선인에 의해 점

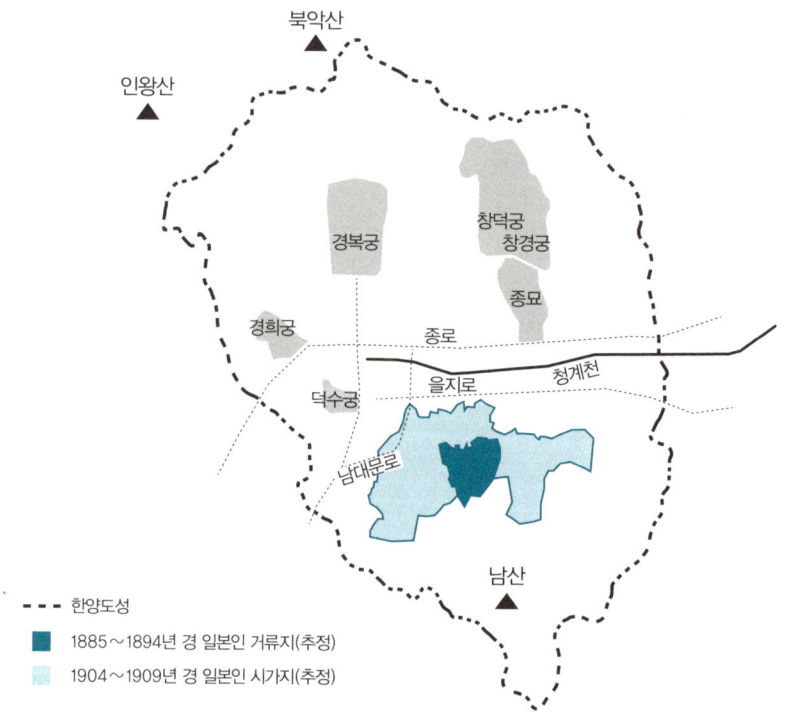

그림 3 일본인 거류지 추정(1885~1894, 1904~1909)

유되어 분절되었다. 여기서 '북촌'은 현재 우리가 관습적으로 인지하고 있는 삼청동, 가회동 일대가 아니라, 사대문 안 청계천, 종로 북쪽 지역을 뜻한다.

1910년 이후, 일제 강점이 지속되면서 경성에 거주하는 일본인 수도 증가했다. 이러한 인구 증가는 경성에 일본인 주거지 부족이라는 도시문제를 일으켰다. 만약 새로이 경성에 유입된 일본인들이 (기존 일본인들이 장악한) 경성 남부 지역에만 몰려 산다면, 한정된 공간에 새로운 주택 수요가 더해져서 주거 환경이 과거보다 더 열악해질 것이고 주택 가격과 토지 가격은 큰 폭으로 상승할 가능성이 농후했다.

종국에는 해당 지역이 부유한 일본인 위주의 지역이 되고, 자금 사정이 좋지 않은 일본인 계층은 외곽 지역으로 빠지는 결과를 초래할 수 있었다. 따라서 일본계 인구 급증에 대한 대비책은 기존의 경성 남부 지역을 넘어 새로운 지역으로 일본인 거주 지역을 확장하는 것이었다. 그리고 대안으로 추진된 정책이 경성 북부, 즉 청계천 이북인 북촌의 조선인 거주 지역으로 일본인 주거지를 확장하는 것이었다.

하지만 북촌에 일본인 주거지를 확보하는 것은 과거와 다른 접근 방식이 요구되었다. 초기 남산 일대에 일본인 거주지를 만들 때는 미개발지를 개발했고, 남대문 주변의 중국인들을 몰아낸 것은 청일전쟁 승리에 기반한 것이었다. 그러나 청계천 이북은 조선인들이 조선왕조 500년에 걸쳐서 살고 있는 전통적인 도시 지역이었다. 따라서 제아무리 일제가 새로운 통치세력으로 군림한다고 하더라도, 수많은 조선인을 대거 몰아내고 일본인 주거단지를 건설하는 것은 절대 쉬운 일이 아니었다.

그럼에도 조선의 통치기구로서 일제는 경성 내 일본인 급증을 대비해야 했다. 일제는 이를 위해 도시계획정책 필요성을 공론화하는 한편 일제의 통치기구를 청계천 이북으로 옮겨 세력권을 주변 지역으로 확장하는, 어찌 보면 간접적 개발 전략을 취하게 된다. 그리고 그들의 시야에 들어온 매력적인 토지는 바로 과거 조선이라는 국가가 소유했던, 그리고 현재는 일제가 소유하게 된 국공유지였다.

1920년대 들어, 일제는 1921년 총독부와 경성부, 재조선 일본계 상공인 그룹과 함께 경성도시계획연구회를 설립하고, 1922년 조선건축회는 『조선과 건축』이라는 월간지를 발간해 서구 도시계획이론을 식민지 조선에 전파한다. 1920년대 중반에 들어서는 경성부에 임시도시 계획조사계를 설립해 도시계획조사사업을 시작하고, 신문 지상에는 도시계획 관련 쟁점들이 공론화되기 시작했다. 이러한 논의는 일본인 주거 지역과 시가 지역의 도시문제 해결을 위한 것으로, 조선인의 환경문제 해결에는 전혀 주안을 두지 않았다.

공론화 과정과 더불어 일제는 통치기구의 청계천 이북 이전을 추진하는데, 1910년대 중반 총독부의 경복궁 이전 계획을 세워 1926년 경복궁에 총독부를 건설한 것이 대표적 예다. 통치기구의 건물(예를 들어, 총독부 청사)을 기존 조선인 거주지에 마련하려고 한다면 마땅히 조선인 토지를 매입하기 위한 막대한 자금이 필요하고, 그 매입 과정도 심각한 반대에 부딪혀 쉽지 않았을 것이다. 따라서 경복궁, 경희궁 등 궁궐은 물론 왕실이나 국가 관련 시설이 있던 대규모 필지가 일제의 관심 지역으로 떠오르게 된다. 조선이라는 국가가 없어지고 일본이 실질적인 통치자가 되면서 기존의 국공유지를 일제가 마음대로 사용할 수 있었기 때문이다. 또 궁궐과 국가 시설 부지는 일반 조선인의 거주지와 물리적 경계가 분명하고 도시의 과밀하고 비위생적인 환경과 분리된 데다, 비교적 녹지가 풍부하다는 점에서 일본인 관사의 입지로 안성맞춤이었다.

통치기구의 이전과 더불어 통치기구에 종사하는 일본인들의 거주지를 인접 지역에 확보하는 작업이 동반되었다.

> 총독부가 남촌으로부터 북촌으로 옮아온 지가 겨우 삼 년도 채 지나지 않은 오늘에 벌써 총독에 따라다니는 관공리(官公吏 : 관공서 직원)는 물론 상인들까지 날마다 남촌에서 북촌으로 올라오고 있어 날이 갈수록 그 수가 격증하여 이제는 조선사람 대부분이 살던 북촌에도 일본인의 그림자가 점점 농후하여 간다. (……) 과거에 시가미(市街美 : 시가지를 가꾸는 일)나 도로 확장 등에 별 큰 힘을 들이시 아니하던 북촌 일대에 경성부가 갑자기 재정에서 무리를 하면서 거액의 돈을 넣어 일을 진행하고 있다.(『조선일보』 1928. 11. 22)

총독부가 경복궁으로, 경성부청이 덕수궁 옆 신청사로 이전함과 동시에 적선동, 통의동, 청운동과 효자동 지역에는 총독부와 경성부의 관사, 그리고 동양척식회사, 조선식산은행 직원 숙소가 세워진다. 이어 1926~1928년에 연건동, 동숭동에 경성제국대학이 자리를 잡으면서 동숭동, 이화동, 명륜동, 혜화동 지역에 경성제대 교수와 직원을 위한 관사와 사택이 건립되었다. 그리고 1929년 정동에 재판

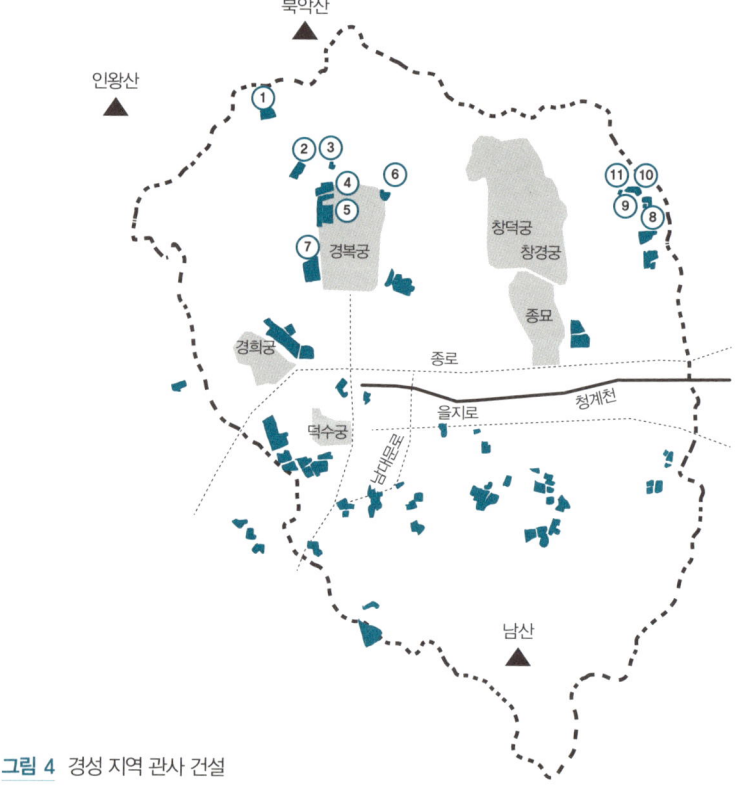

그림 4 경성 지역 관사 건설

그림 5 경성제국대학 관사. 동숭동 경성제국대학 주변에는 교직원들을 위한 관사가 많이 지어졌다. ⓒ서울대학교 중앙도서관

소, 1934년 광화문에 총독부 수신국 분관 등이 잇따라 자리 잡게 되었다.

〈그림 4〉의 ①~⑦(경복궁 주변)과 ⑧~⑪(경성제대 주변) 지역은 청계천 이북에 대단지로 건설된 일본인 관사들로 1920년 이후에 건설되었다. 현재도 경복궁 주변 서촌에는 일제강점기 때 관사로 추정되는 적산가옥들이 존재한다. ⑦번 지역은 동양척식주식회사 직원들을 위한 관사가 지어진 곳인데, 〈그림 5〉와 같은 적산가옥촌이 현존한다.

적산가옥敵産家屋은 일반적으로 적(敵)의 재산(産)인 집(家屋)이란 뜻으로 일본이 해방 이후 한반도에서 철수하면서 정부에 귀속되었다가 일반에 팔아넘긴 일본인 소유의 주택을 말한다. 일본인의 생활

그림 6 통의동 25, 25-3~19의 관사 추정 적산가옥 ©김경민

제1부 • 근대적 디벨로퍼의 출현, 토지 전쟁의 서막이 오르다

방식에 맞게 지어졌기 때문에 대부분 일본식 주택 또는 일부 문화주택의 형태를 띤다.

일본인들의 북촌 진출은 조선인들에게 충격과 공포 그 자체였다.

> 총독부가 경복궁 내로 이전되어 기존 남부를 중심으로 거주하던 일본 사람들의 세력이 일조一朝에 북부로 이전하게 되면, 그때의 조선사람의 생활 근거지는 다시 동쪽으로 또는 서쪽으로 구축驅逐되어, 혹은 청량리로 혹은 마포 등지로 또 혹은 멀리 만주 시베리아 등지로 그 생을 구하러 표류 이산離散하게 될 것은 물론이다. 아! 이 어찌 도태구축淘汰驅逐의 암담한 사실이 아니리오. (『동아일보』 1923. 3. 7)

♦ ♦ ♦
기어코 이 지역만큼은 일본인에게 내주지 않겠다

 1920년대 지방 빈농과 지역 유지의 경성 유입이 증가하면서 경성에 거주하는 조선인의 수가 빠르게 늘었고, 일본인 역시 증가했다. 토지 및 주택 시장 측면에서 성격이 매우 다른 수요계층이 존재하는 상황이었다. 이질적인 두 계층은 주거 지역도 달랐는데, 일본인은 청계천 이남 남촌에, 조선인은 청계천 이북 북촌에 거주했다. 하지만 조선인과 일본인의 경성 유입이 가속화되면서, 공간적으로 분리되어 거주하던 두 계층은 동일한 지역의 토지를 확보하기 위한 경쟁에 돌입하게 된다.
 새로이 경성에 진입하려는 조선인들은 그들보다 경제력이 월등한 일본인 거주 지역(남촌)에 자신들의 거주지를 마련하기가 쉽지 않았다. 따라서 경성에 유입된 조선인들의 목적지는 청계천 이북, 바로 북촌이었다.

경제적으로 정치적으로 우월한 입장의 일본인들에게 공간적 제약은 큰 문제가 아니었다. 남촌뿐 아니라 기회가 주어진다면 다른 지역으로 거주지를 확장할 수 있기 때문이다. 따라서 남촌의 주거환경도 유지하면서 새로 유입된 일본인들이 살 거처를 마련하기 위한 전략의 하나로 일제는 정책적 차원에서 북촌 진출을 계획한다.

결과적으로 북촌은 조선인과 일본인 모두의 공동 관심 구역으로 떠오르게 되고, 이런 상황은 두 계층 간 토지 확보 경쟁, 즉 조일 토지 전쟁을 불러일으켰다.

> 최근에 이르러 그들은 총독부가 경복궁으로 옮길 시일이 가까워지매 대경성의 미관을 위한다는 이유로 종로 일대의 큰 거리를 개수하기 시작한 지 이미 오래되었다. 이제 종로통 도로개수에 따라, 양쪽의 조선인 상점과 가옥들이 간혹 도로의 폭을 넓힘으로 인하여 헐리어버리는 곳이 십수 개소나 되는 (……) 헐린 집터에는 도시미관을 위하여 단층집을 짓지 못하게 하고 반드시 이층 이상의 집을 세우도록 하였다. 경제력이 부실한 조선사람이 이층 이상의 집을 세울 만한 자력이 있을지가 (……) 일본인들이 이 기회를 놓지지 않고 조선인을 감언이실로 충동하여 전부 지가의 수중에 넣고자 암중비약을 한다.(『조선일보』 1925. 6. 18)

일제는 정책적 차원에서 총독부 등 정부기관을 북촌의 옛 국공유지에 입지시키고 주변에 관사를 건설해 정부기관 종사자들의 거주지를 만들었다. 부동산 개발 측면에서 해석하자면, 일종의 앵커시설(Anchor Facility, 지역 내에서 핵심적 역할을 하고 집객효과가 큰 시설)을 입점시킨 후, 앵커시설에 필연적으로 연관되는 시설 및 인력들의 이주를 유도한 것이다.

정부기관을 북촌으로 옮기는 한편 종로통에 일종의 도시미화운동*을 벌이면서 자연스레 조선인들의 북촌 이탈 효과를 보려 했다.

이러한 와중에도 북촌을 사수하려는 조선인들이 있었는데 이들은 비장한 심경을 다음과 같이 토로했다.

> 종로통 삼정목 구십번지 길진옥 씨는 "물론 우리의 재력이 어찌 넉넉할 수가 있겠습니까만, 기어코 이 지역만큼은 일본인의 수중에 내어주지 않겠다는 굳은 결심을 가지고 헐리게 된 열다섯 채의 소유주들 중 한 사람도 집을 팔아넘긴 이가 없습니다. 그 터를 안 팔려고 기를 써가며 각 은행으로부터 비싼 이자를

---

* 도시미화운동City Beautiful Movement은 19세기 말 20세기 초 미국에서 시작된 일종의 도시계획 패러다임이었다. 비환경적 비위생적인 산업도시의 좋지 않은 모습을 극복하기 위해, 도시 자체를 변화시키려는 계획과 개발(큰 도로, 아름다운 건물과 공원, 거리청소)이 진행되었다. 도시 외적인 개선을 통해 사회적 문제를 해결하려는 정책이었고, 저소득층 주거지의 소거가 나타나기도 했다.

주고 돈을 얻어다가 이층집을 짓는 중인즉, 앞으로 장사가 잘되면 혹시 몰라도 만일 그렇지 않다면 결국은 은행 물건이 되고 말 것이 명약관화한 일이 아닙니까"라며 매우 전도를 우려하는 중이었다.(『조선일보』 1925. 6. 18)

당시의 조선인들은 남촌을 넘어서 북촌으로 북진하는 일본인들을 매우 두려워했고, 이를 막기 위해 힘겹게 노력했다. 이들은 은행 빚까지 지면서 토지를 지키려고 했다. 하지만 상황은 조선인이 바라는 만큼 녹록하지 않았다.

북촌 소재 신규 주택이 시장에 나오는 대로 속속 일본인의 수중으로 떨어지기 시작했다.『동아일보』는 일본인들의 북촌 진입으로 말미암아 빈집이 빠르게 감소하고 있다고 전했다.

같은 날짜의 다른 기사에서도 경성에 유입된 일본인 중 70%가 북촌에 정착했다고 한다. 급기야 1920년대 후반에 이르러서는 과거 조선인들이 다수를 차지하던 청계천 이북에서도 일본인의 수가 크게 늘어난 지역들이 상당수가 되었다.

일제의 주택문제 해결은 기실 일본인 주택 부족 해결을 의미했으며, 이를 실현하기 위한 전략의 하나가 일본인의 북진(북촌 진출)이었다.

따라서 경성의 조선인들은 주택 부족 문제에 힘들어했고 자신들의 터전인 북촌에서 쫓겨나는 형국이었다. 그렇기에 조선인들 입장에서 이러한 문제를 해결할 수 있는 세력 또는 조직이 절실히 필요했다.

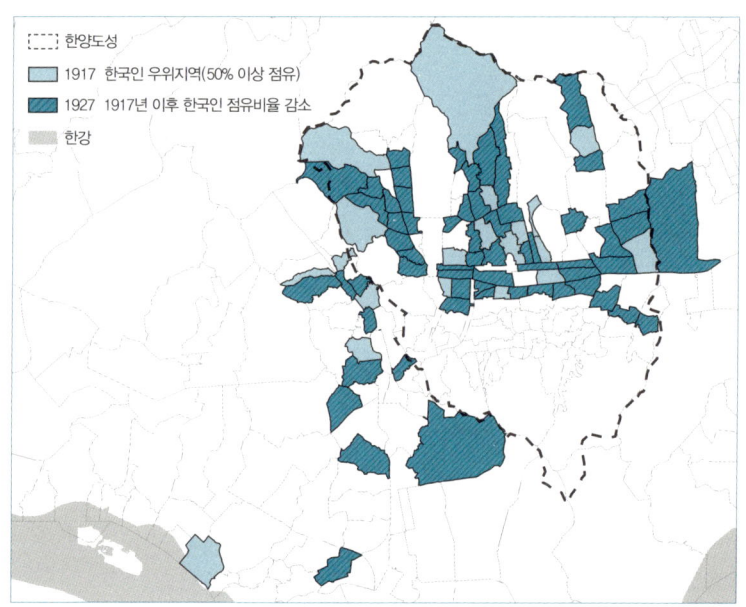

그림 7 한국인 우위 지역의 변화(1917~1927)

 이처럼 암울한 시대적 분위기에서 조선인 주택수요층을 위한 새로운 조직이 등장하는데, 건양사의 정세권을 위시한 조선인 출신 신흥 자본가 계층, 즉 근대적 디벨로퍼들이었다. 이들은 늘어나는 인구를 볼 때, 주택사업(주택 개발 및 운영)이 경제적으로 성공할 수 있다고 보았고, 일부는 나라를 지키겠다는 민족적 소명을 갖고 사업에 임했다.

 다음은 건양사 정세권의 둘째 딸 고故 정정식(이화여대 명예교수)의 전언이다.

"아버지는 항상 이런 말씀을 하셨어요. 사람 수가 힘이다. 일본인들이 종로에 발붙이지 못하게 하여야 한다."

제2부

경성 3왕이라 불린 인물이 '건축왕' 기농 정세권이다.

조선이 낳은 천재, 건축왕 되다

경성 땅을 지킨 근대적 디벨로퍼들

1920년대 조선인들의 경성 유입과 일본인들의 북진으로 벌어진 북촌의 토지 전쟁은 자본력이 막강한 일본인들에게 유리한 형국이었으며, 많은 조선인은 분개하고 좌절했다.

게다가 조선의 근대적 건설업은 일본인에 의해 선점되었다. 1878년 일본 제일은행 부산지점 신축공사를 계기로 일본계 건설회사가 조선에 진출했으며, 1912년 부산에 일본계 토목건축업 회사가 공식적으로 설립되었다. 청일전쟁과 러일전쟁을 거치면서 조선에서 사업을 영위하는 일본계 건설업체의 수는 급격히 늘었으며, 1930년대 초에는 1,500여 개에 이르렀나. 이들은 대규모 담합을 벌이거나, 이익단체를 조직해 총독부에 압력을 행사하기도 했다.

이들은 총독부의 제도적 비호 아래 조선계에 비해 빠르게 성장할 수 있었다. 특히 관급공사의 경우 조선계는 제도적 진입장벽으로 참여 자체가 힘들었다. 예를 들어, 입찰운영방식에서 건설업 자격요건을 강화한다든지 일반 경쟁이 아닌 지명 경쟁 입찰방식을 택하는 식이었다. 건설업 자격 요건을 위한 학교가 조선에 없었기 때문에 조선계 건설업체는 자격증 보유자를 확보하기 힘들어 철도국 관급공사 입찰 자체가 불가능했다.

또는, 일본계 건설업체들이 과잉경쟁과 덤핑수주로 공사의 질이 떨어질 수 있으니 일반 경쟁 대신 지명 경쟁을 총독부에 요구해 총독부 정책을 바꾸는 식이었다. 1932년에는 관급공사가 수의 계약 형식으로 일본계에 더 유리하게 바뀌었다.

이렇게 관급공사에서 소수의 유력 일본계 건설회사들이 식민지 조선의 건설시장을 장악하면서 성장한 반면, 조선계 건설업체의 진입과 성장은 사실상 봉쇄되었다.

조선계 건설업체 또는 디벨로퍼들은 관급공사 진입이 사실상 불가능해지면서 민간 주택 건설 및 개발 시장에 관심을 가졌을 것이다. 당시 주택은 크게 세 유형이 있었다. 일본식 주택과 더불어 문화주택이라 불리는 서양식 주택이 있었고, 그리고 조선식 주택(한옥)이 있었다.

조선식 주택은 다른 주택 유형에 비해 건축비가 상대적으로 적게 들었고 건설기술자들의 노임도 상대적으로 신식 주택 건설에 비해 낮았다. 따라서 조선계 근대적 디벨로퍼들이 활동 가능한 영역은 한옥건설 및 개발이었을 것으로 추론되며, 실제로 이들이 1920년대 이후 등장하기 시작한다.

서류상 현재 존재가 확인된 근대적 디벨로퍼는 정세권의 건양사建陽社, 김동수의 공영사公營社, 마종유의 마공무소馬工務所, 오영섭의 오공무소吳工務所, 이민구의 조선공영주식회사, 김종량, 정희찬 등이 있다. 또 1935년 경성 숭인동 171번지에서 토목청부업(건설업)을 한 진한득이 있다.

1940년대에는 장지환의 신주택사, 박흥식 소유의 경인 기업주식회사, 이승병과 조흥호의 신흥건축사 등이 있었다. 당시 한 업체가 동일한 형태의 200호 또는 500호를 개발해 마을 이름이 '2백호동' 혹은 '5백호동'으로 불리기 시작했다고 한다.

이들에 관한 구체적인 연구와 자료는 매우 희박하다. 정세권을 제외하고, 사업지를 어느 정도 알 수 있는 디벨로퍼는 김종량과 이민구(조선공영) 정도다. 간략히 소개하면, 김종량은 1928년(당시 27세) 도쿄 고등공업학교 건축과를 졸업한 후, 귀국해 총독부에서 근무하다가 1930년대 중반 경성재목점을 설립하면서 사업을 시작한 것으로 보인다. 그는 중학동과 삼청동 35번지 일대, 돈암동, 계동 128번지를 개발했다고 전해진다. 이민구는 도쿄제국대학 경제학부를 졸업하고 조선은행, 평안북도청, 경기도청, 경성세부서 등에서 근무한 후 조선공영 대표를 역임하면서 한옥단지를 개발했다. 지금의 보문동과 청량리 지역의 한옥을 건설한 것으로 추정된다.

이들의 사업에는 여러 난관이 있었다. 일제가 구조적으로 이들의 관급공사 참여를 막았듯이, 금융권의 차별도 존재했다. 부동산 개발은 일부 자체 자금을 투자하거나 많은 자금을 외부 파이낸싱-은행 등 금융기관으로부터의 대출금 등-으로 충당한다. 따라서 금융기관으로부터 일정 규모 이상의 대출금을 받을 수 있는 여건이 조성되어 있어야 했다.

그런데 조선계 디벨로퍼들은 일본식 주택이나 문화주택 건설업자에 비해 불리한 금융조건에서 사업을 할 수밖에 없었다. 당시 조선식 주택은 문화주택에 비해 담보평가가 20~30% 이상 낮았다. 즉 담보평가가 낮았기 때문에 은행에서 빌릴 수 있는 자금이 적었고, 조선계 근대적 디벨로퍼들이 사업을 진행하려면 상당히 많은 자기자본을 보유하고 있어야 했다.

은행에서 대출도 제대로 되지 않는 상황에서 근대적 디벨로퍼들이 대규모로 사업을 진행한다는 것은 매우 큰 리스크를 감수하는 것이었다. 이런 상황에서도 사업적 성공을 일구었다면, 시장이 매우 좋았거나 사업적 수완이 대단하거나 아니면 두 경우 모두일 것이다.

다행히 조선인 수가 급증하면서 탄탄한 수요가 뒷받침되어 조선계 근대적 디벨로퍼들이 빠르게 자본을 축적할 여건이 조성되었다. 정희찬의 경우, 1924년에 9,000여 원을 들여 토지를 불하받아 개발을 시작했는데, 해당 지역의 가치(토지 및 건물 가치 포함)가 13만 원으로 뛰어올랐다고 한다. 당시 부동산 개발로 인한 지대의 상승이 매우 가팔랐고, 임대 수입 또는 자산 가치 상승(한옥을 건설해 높은 가격에 분양하거나 한옥을 보유해 지속적으로 상승하는 자산가치를 향유)을 통해 회사의 자본력을 확충할 수 있었다.

 조선계 디벨로퍼들은 일제 식민 치하에서 차별적 지위와 각종 제약과 난관에도 부동산 개발과 운영이라는 새로운 산업을 일궈냈다. 또 경제적으로 형편이 어려워진 왕실과 귀족층의 대규모 주택을 매입해 토지를 분필(分筆, 등기부에 한 필로 되어 있는 토지를 여러 필로 나눔)한 후, 기존과 다르게 근대적 한옥이라 불리는 작은 규모(10~40평형대)의 한옥을 대량 공급했다. 그 결과 중산층 이하 서민 계층이 경성을 떠나지 않고 살 수 있는 터전이 마련되었다.

◆ ◆ ◆ 북촌 한옥마을이 탄생한 이유

 조선계 근대적 디벨로퍼들이 조선인을 위해 집단적으로 공급한 한옥은 기존의 한옥과 전혀 다른 형태였다. 이 한옥들은 과거와 달리 아주 작은 규모였고, 한 채씩 지어진 것이 아니라 대단지로 개발되었다. 우리가 현재 삼청동, 가회동, 익선동에서 볼 수 있는 근대적 한옥집단지구가 탄생한 것이다.

 여러 채의 작은 한옥들이 밀집한 한옥집단지구 개발은 복합적 요인의 결과였다. 한옥의 구조적 특징과 더불어 디벨로퍼에게도 경제적 이윤이 돌아가는 사업 구조였다. 한정된 토지에 이전과 달리 여러 사람이 모여 살게 하려면 크게 두 가지 해결책을 생각해볼 수 있다.

 과거 100평의 대지에 한 가구가 살았으나 인구가 늘어 다섯 가구가 들어와서 살 형편이라 치자. 이 경우, 첫 번째 해결책은 100평 대지 1층 가옥을 5층으로 개발해 다섯 가구가 기존과 똑같은 평형의 주택에 사는 것이다. 즉 아파트와 같은 형태다. 하지만 한옥의 구조적 특성상 고층 개발은 불가능하다. 따라서 다른 해결책이 필요하다.

두 번째 해결책은 100평 대지에 다섯 가구가 살 수 있도록 가구당 20평 크기의 주택 다섯 채를 건설하는 것이다. 이 경우 한 가구당 주택의 규모는 자연스럽게 줄어들지만 더 많은 수의 가구가 거주하게 됨으로써 대단지 개발이 이루어지게 된다. 따라서 조선인 인구 폭증에 대한 1920년대식 해결책은 큰 대지의 한옥을 철거하고 여러 채의 한옥을 대량으로 공급하는 한옥집단지구를 개발하는 것이었다.

그림 1 정세권이 개발한 북촌 가회동 31번지 한옥집단지구 ©김경민

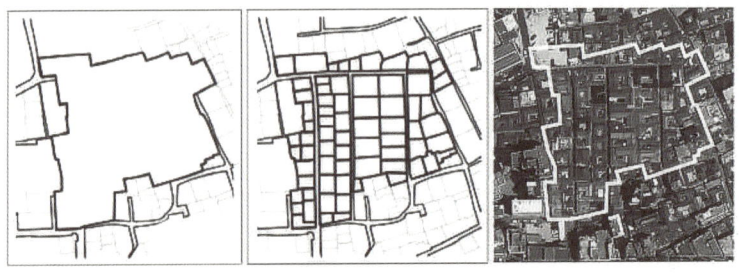

그림 2 정세권이 개발한 익선동 166번지로, 조선왕족의 종친 이해승 소유의 누동궁이 68채의 한옥단지로 재개발되었다. ⓒ김경민

    이렇듯 단일토지가 여러 필지로 쪼개지는 현상은 당시 자료를 보면 확인할 수 있다. 1917년과 1927년 경성부 관내 지적 목록을 살펴보면, 경성부 면적은 19% 증가했는데 지번 수는 무려 37% 증가한다. 그리고 1지번당 토지 면적은 134.3평에서 116.1평으로 감소한다. 필지 분할을 통한 부동산 개발이 활발하게 이루어진 것이다.

	대지 지번			대지 면적(평)		
	1917	1927	증가율(%)	1917	1927	증가율(%)
동부	4,039	6,353	57	380,079	496,874	31
서부	8,274	10,077	22	865,026	898,875	4
남부	7,650	9,808	28	721,181	996,211	38
중부	4,260	5,414	27	484,489	511,007	5
북부	3,957	4,943	25	494,898	619,311	25
용산	3,270	6,755	107	1,277,621	1,508,643	18
합계	31,450	43,350	37	4,223,294	5,030,921	19

표 1917년과 1927년 경성부 대지 지번과 면적 변화

그리고 이러한 전략(작은 평수를 여러 채 공급하는 전략)은 부동산 디벨로퍼에게 이익이 된다. 예를 들어 2016년 역삼동 원룸 시장을 살펴보면, 실평수 10평형 원룸의 월 임대료는 대략 100만 원 수준이나, 5평형 원룸은 60만 원 선이다. 주택 수요를 분석해보면 그 이유를 찾을 수 있다. 소득 분포를 볼 때 월 100만 원을 내고 살 수 있는 계층보다는 월 60만 원을 낼 수 있는 소득층이 훨씬 많기 때문이다. 5평 원룸에 대한 수요가 많다면, 하나의 재화(원룸)에 대한 경쟁 역시 5평 원룸이 10평 원룸보다 높다. 그러면 이런 현실은 자연스레 가격에 반영된다. 비록 5평 원룸 월세(60만 원) 자체는 10평 원룸(100만 원)보다 낮지만, 평당 임대료를 계산하면 5평 원룸의 평

당 임대료(12만 원 = 60만 원/5평)는 10평 원룸(10만 원 = 100만 원/10평)보다 20% 높다. 따라서 소유자인 디벨로퍼 입장에서는 10평 원룸 한 채를 소유하는 것보다 5평 원룸 두 채를 소유하는 것이 유리하다. 소득이 100만 원에서 120만 원으로 증가하기 때문이다.

결론적으로 디벨로퍼 입장에서는 주택 규모를 더 작게 하고 여러 채를 만들수록 이익이 될 수밖에 없다. 평당 임대료가 높아지기 때문이다. 더군다나 1920년대 경성 거주 조선인들의 생활은 점점 궁핍해졌으므로 조선 서민들이 원하는 주택의 규모는 작아질 수밖에 없었다.

다음은 디벨로퍼 정세권이 1932년에 쓴 글이다.

> 10년 전(1922년) 30간 안팎 되는 집이 무난히 팔리던 때에는 그래도 오늘날 신문 지상에서 나타나는 생활난의 부르짖음은 적었다. 그러나 오늘날에는 신문 지상에 오직 생활난 이야기만 보도될 뿐이고, 이르는 곳마다 들리니 생활난의 비참한 절규가 아닌가. 가옥매매도 너덧댓간의 집을 찾는 사람이 가장 많아 10간 내외의 집이 매매될 뿐, 그 이상의 큰 집을 찾는 이가 적다.(정세권, 「나날이 위미萎靡되어 가는 가옥매매로 본 조선인의 경제」, 『실생활』 3권, 장산사, 1932)

따라서 당시 시대적 상황을 보면 한옥집단지구의 탄생과 이를 개발할 디벨로퍼의 출현은 필연이었다. 한옥집단지구는 대단지에 여러 채의 한옥을 거의 같은 시기에 건설해야 하므로, 개인 또는 작은 회사가 진행할 수 있는 사업이 아니었다. 일정 규모의 자본력을 갖춘 회사여야 담당할 수 있는 것이었다. 또 부동산 개발은 매우 위험성이 있는 사업 분야(사업 파산의 가능성이 높음)이며 고도의 전문성이 요구된다. 따라서 1920년대 일정 규모 이상의 전문성 있는 디벨로퍼가 시장에 출현하기 시작했다.

인구 급증기에 작은 주택을 대량으로 생산하는 디벨로퍼의 출현은 해외에서도 찾아볼 수 있다. 19세기 중후반, 뉴욕은 유럽의 이민자들이 미국에 유입되는 관문이었다. 인구가 빠르게 증가하는 상황에서 뉴욕은 주택 부족 문제(특히 저소득 서민주택)에 시달렸고, 저소득 서민들을 수용할 수 있는 '테너먼트Tenement'라 불리는, 우리의 다세대주택과 비슷한 주택건물이 건설되었다. 이러한 건물들은 경제적 이윤만을 추구했던, '제리 빌더Jerry Builder'라 통칭되는 디벨로퍼들에 의해 개발되었다. 이들은 당시 주택에 대한 규제가 매우 부실했던 틈을 타, 〈그림 3〉의 도면과 같이 집들을 잘게 쪼갰다. 가급적 방 수를 최대한 늘려서 자신들의 이익을 극대화하고자 했다. 20세기 초 조선의 근대적 디벨로퍼들이 큰 한옥을 부수고 작은 한옥 여러 채를 건설한 것과 맥락이 비슷하다.

그런데 이 건축물은 심각한 문제점을 내포하고 있었다. 미약한 규제를 틈타, 도면 이미지의 D(Dark) 방과 같이 햇빛이 일절 들어오지

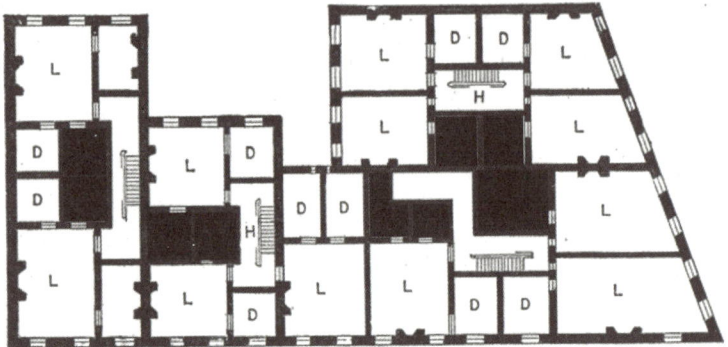

그림 3 뉴욕의 사진작가 제이컵 리스 Jacob Riis는 이민자를 포함한 저소득층의 삶을 사진으로 담았고, 이는 상당한 파장을 일으켰다. 사진집에 수록된 당시 뉴욕 테너먼트 건물 도면을 보면, 한 층에 22가구가 살도록 방들이 쪼개진 형태인데, L(Light)은 밝은 방, D(Dark)는 어두운 방을 의미한다.

그림 4 테너먼트 건물을 조사하고 있는 감독관 ©미국국립문서기록관리처

않고 환기도 제대로 되지 않는 방들을 공급했기 때문이다. 제리 빌더는 폭발적인 주택 수요를 바탕으로 자신들의 이익 극대화에 치중해 입주민이 살 집의 구조에 대해서는 신경을 쓰지 않았다. 이런 집들이 공급되면서 사회적, 환경적으로 큰 문제점이 생기기 시작했다.

하지만 조선의 근대적 디벨로퍼들이 제공한 한옥은 오히려 기존 한옥의 문제점들을 개량한 발전된 형태였다. 당시 근대적 디벨로퍼들이 건설한 도시형 한옥은 경성이라는 도시에 가장 적합한 형태와 구조를 가지고 있었다. 좁은 면적에 맞는 효율적인 주택 배치와 내부 구조 변경에 집중해 전통한옥의 독립적인 안채, 사랑채, 행랑채들이 트인 'ㅁ'자형에 모두 압축되었다.

특히 구조적 변화가 크게 나타나는데, 위생개념을 바탕으로 구조 변화와 공간의 확장이 이뤄졌다. 위생시설인 화장실이 도시형 한옥의 내부로 들어오고, 부엌이 입식 구조로 바뀌었다. 압축적인 공간 활용을 위해 외부공간이었던 대청마루는 외부 덧문을 추가해 내부 공간인 거실로 바꾸었다. 전통한옥은 수납공간이 적다는 구조적 한계가 있었는데, 도시형 한옥의 바깥처마까지 방의 벽면을 확장함으로써 추가 공간을 확보해 해결하고자 했다.

조선의 근대적 디벨로퍼들이 제공한 한옥은 전통의 아름다움을 잃지 않으면서 실용적으로 변모한 서민형 주택이었다. 그러나 당시 이들에 대한 평가는 매우 박했다. 이들은 '집장사'로 불렸으며, 당대 최고 건축가 박길룡은 대저택을 부수고 소규모 한옥단지로 개발해 주거 환경을 악화시킨다고 비난했다.*

그렇지만 1920년대 북촌 지역에 그들이 근대식 한옥집단지구를 건설하지 않았다면, 아니 못했다면 지금 우리가 북촌에서 볼 수 있는 주택은 어떤 모습이었을까? 일제는 조선인을 위한 주택 개발보다는 일본인을 위한 주택 개발에 주안점을 두었다. 일본인의 경제력은 조선인에 비해 월등했다. 만약 자본력을 갖춘 조선인 디벨로퍼들이 존재하지 않았다면, 우월한 경제력의 일본인들이 북촌 지역의 토지를 대량 구입했을 것이며, 일본인을 위한 적산가옥 주택 건설로 이어졌을 것이다. 그랬다면 우리가 마주한 삼청동, 가회동의 모습은 한옥집단지구가 아니라 일본인 주거 흔적이 남은 대규모 적산주택단지일 것이다.

따라서 조선인 디벨로퍼들의 존재는 단순히 조선식 한옥을 대량으로 공급했다는 측면을 넘어서서, 일제강점기 경성 내부에서 유일한 조선인 거주공간이었던 북촌을 지켰다는 점에서 큰 의미가 있다.

그들의 한옥집단지구 개발이 경제적 이윤에서 시작되었든 아니든, 당시 민족적 총화(북촌 지역을 일본인에게 빼앗겨서는 안 된다)가 한옥집단지구라는 형태로 투영되어 개발되었고 결과적으로 많은 조선

---

* "지금 현상은 살기에 편리하다는 것과 매매가격이 평행되지 않은 모순이 있으니 이 모순된 사실은 일반이 주택에 대한 관념이 비과학적이고 불합리한 주택난이 현시現時 주택경영업자로 하여금 공지 없는 주택밀집군을 형성케 한 것이다."(박길룡, 「주택건축의 기형적 동향」, 『조광』, 조선일보사출판부, 1935. 10.)

인들이 북촌에 들어와서 살게 되었다. 그리하여 조선인의 북촌이 건재할 수 있었으며, 조선인의 북촌이 있었기에 삼청동, 계동, 익선동의 근대 한옥집단지구가 지금까지도 보존된 것이다.

거대한 꿈을 품은 경성의 건축왕

당시 주택시장은 변동성이 매우 커서 폭등장과 폭락장이 있었다. 1920년대 중후반에는 많은 조선계 디벨로퍼들이 파산하고 소수의 업체만 살아남기도 했다. 1920년대 경성은 능력 있는 디벨로퍼에게 기회의 땅이었다. 경남 고성 출신의 정세권은 1919년 경성으로 상경하면서 2만 원의 자산으로 사업을 시작했는데, 당시 20칸 한옥 두 채 가격에 불과한 금액이었다. 그러나 그는 10년도 되지 않아 조선을 대표하는 부동산 재벌이 된다.

"당시 경성에 3명의 왕이 있다고 했어요. 유통왕, 광산왕 그리고 건축왕. 우리 아버지가 건축왕이라고 불리었어요."(둘째 딸 고정정식 인터뷰 2013. 10. 4)

당시 경성의 대자본가들은 '-왕'이라는 타이틀로 불렸다. 대표적인 인물로는 화신백화점 소유주로 1930년대 조선 최대 갑부 소리를 들었던 박흥식이 있는데, 그는 '유통왕'이라 불렸다. 그에 필적할 만한 부를 축적한 인물에 '광산왕'이었던 최창학이 있다. 그리고 이들과 더불어 경성 3왕이라 불린 인물이 '건축왕' 기농 정세권이다. 정세권은 한옥집단지구를 경성 전역에 걸쳐 건설하면서 단기간에 대자본가로 성장했다.

박흥식은 반민특위에 1호로 체포될 만큼 친일 족적이 명확하다. 최창학 역시 비행기와 무기를 일제에 바치는 등 친일 행위를 했다. 그러나 경성 3왕 중 한 명인 정세권은 전혀 다른 길을 걸었다.

"태평양전쟁 때, 일제가 비행기를 헌납하라고 요구를 했대요. 아버지랑 박흥식, 최창학 씨가 모여서 헌납하지 말기로 다짐을 했는데, 나중에 압박에 못 이겨 두 분은 헌납했던 것 같아요."(둘째 딸 고 정정식 인터뷰 2013. 10. 4)

그는 신간회, 조선물산장려회, 조선어학회 등을 후원하면서 민족운동의 대오에 참여했다. 1930년대 초반 조선물산장려 운동의 성공은 정세권을 빼고 설명할 수 없다. 그는 조선어학회 회관을 기증하며 조선어학회도 물심양면으로 지원했다.

그러나 대자본가가 독립운동에 참여한 대가는 참혹했다. 일제는 그의 막대한 자산을 빼앗고 개발사업에 허가를 내주지 않았다. 정세권의 건양사는 쇠락의 길로 빠질 수밖에 없었다.

정세권은 1888년 4월 10일 경남 고성군 하이면 덕명리에서 출생했다. 그는 농업과 어업으로 생계를 잇는 가난한 가정에서 태어났는데, 그의 집안은 총 14가구가 모여 사는 작은 마을에서도 가장 형편이 궁했다.

사람들은 그를 매우 천재적인 인물로 기억한다. 그는 서당에서 교육을 받았고, 매우 어린 나이에 진주 백일장에서 장원을 했으며, 진주사범학교에서 신식교육을 받았다고 한다. 그리고 진주사범학교 3년 과정을 단 1년 만에 졸업했다니, 그의 비범함을 엿볼 수 있다.

다음은 둘째 딸 고故 정정식의 증언이다.

> "1900년대, 일본 사람들이 방방곡곡에 사범학교를 만들었어요. 그래서 일본 교육을 시키려고 애를 썼는데, 아버님이 사범학교를 다녔어요. 남들이 3년 다니는 과정을 1년 만에 졸업을 했어요. 그리고 18세에 면장이 되셨어요. 그래서 사람들이 아버지를 천재라고 불렀어요."(둘째 딸 고 정정식 인터뷰 2014. 1. 15)

다음은 정세권이 물심양면으로 도왔던 한글학회(조선어학회)에서 1965년 그가 사망한 뒤 쓴 조상문弔喪文의 일부다.

> 기농 선생! 선생은 원래 비범한 재질과 탁월한 실천력을 타고 났습니다. 열두 살에 진주 백일장에서 장원을 하였고, 진주사범학교에서 학년을 뛰고 또 뛰어넘어서 1년 만에 우수한 성적으로 졸업할 만큼 다른 사람들이 따를 수 없는 천재였습니다. 열여덟 살에 기자능 참봉이 되고, 스물세 살에 면장에 피임된 것은 선생의 월등한 역량이 모든 사람을 감동시킨 것이었습니다. (「기농 정세권 선생을 조상함」, 『한글』 135호, 한글학회)

그는 사범학교를 졸업하자마자 18살의 어린 나이에 참봉에 제수되고, 19세의 나이에 하이면 면장에 임명된다. 면장이 된 시점은 의견이 갈린다. 한글학회와 아들 정용식에 따르면 1910년부터 2년간 면장을 했다는 기록이 있으나, 딸 정몽화의 기록에 따르면 1908년부터 면장이었다고 한다. 당시 고성군 군수가 정세권을 눈여겨보고 면장으로 임명했다고 하며, 이 일로 대대로 면장을 했던 최씨 가문과 마찰을 빚었다고 한다.

그리고 1910년 한일강제합병으로 국가통치주체가 일제로 바뀌는 과정에 있었던 에피소드가 전해진다.

> 면장이 되신 지 2년 만인 1910년에 한일합방이 되었다. 일본 헌병대장은 그때 고성군 내 면장들을 모두 모아놓고 "한일합방을 어떻게 생각하시오?"라고 물었다. 모두 "좋다"라고 대답해서

풀려났는데, 아버님은 "좋지 않다"라고 대답하니 감영에 가두어 놓았다. 동네 어른들이 매일 찾아와서 "좋다 캐라, 좋다 캐라" 말하라고 감영 앞에서 야단이었다. 그 후 헌병대장이 또 왔다.

"한일합방을 안 좋다고 했다면서? 지금은 어떻게 생각하시오?"라고 으름장을 놓았다.

"좋다는 말은 거짓이오. 입장을 바꾸어놓고 생각해보시오. 당신 같으면 당신 나라가 남의 나라와 합방을 당했는데, 나라가 그렇게 되었으면 좋다 할 것이요? 나는 거짓말을 안 하는 사람이요."

그랬더니, "음, 거짓말 안 하는 면장이군. 그렇다면 좋소. 나가시오."라고 말하고는 풀어줬다.

그다음부터는 거짓말 안 하는 면장으로 통하게 되어 아무런 간섭을 받지 않아 일하기가 아주 수월했다고 말씀하시는 것을 들었다. (정몽화, 『구름따라 바람따라』, 학사원)

정세권은 하이면 면장으로 주민들의 소득을 향상하고 주거환경을 개선하기 위해 다양한 사업을 펼쳤다. 방풍림 조성사업을 펼치기도 했고, '대동계'라는 저축계를 발족시켰다. 누에를 치는 잠업조합 연습소를 설립하고 목화를 대량생산하기도 했다. 이런 노력을 인정받아 전국 우수 면장으로 선정되었다고 한다.

여러 사업 중 그가 가장 역점을 두고 싶었던 사업은 주택 개량이었다. 그는 하이면에 있는 초가집들을 모두 기와집으로 바꾸는 것을 소망했다.

면장으로 재직하고 몇 년 지나지 않은 1912년, 24세의 나이에 그는 면장직을 사임한다. 일제의 주구 노릇을 하는 것에 대한 회의와 면장직을 독점하던 다른 집안으로부터 테러를 당한 연유에서였다. 그 후 1919년 진주에서 독립운동에 가담했다고는 하나, 자세한 정황은 찾을 수 없다.

그리고 1919년 기미년 독립운동 이후 그는 드디어 큰 결심을 한다. 하이면을 떠나 경성으로 이주한 것이다. 경성으로 상경한 그는 1920년 9월 9일 우리나라 최초의 근대식 부동산개발회사 '건양사'를 설립한다. 거대한 꿈이었던 '대규모 근대식 한옥단지 개발'을 시작한다. 삼청동, 가회동, 익선동, 봉익동, 혜화동, 성북동, 창신동, 서대문, 왕십리, 행당동 등지의 한옥집단지구 탄생의 서막이 올랐다.

기회의 땅 북촌에 터를 잡다

부동산 투자 및 개발의 3대 요소에 대한 일반적 답은 다음과 같다.

첫째는 위치
둘째도 위치
셋째도 위치

그만큼 부동산 투자에서 위치가 중요하다는 것이다. 근거리에 있는데도 부동산 가격 차이가 큰 경우를 종종 볼 수 있다. 사교육 1번지 강남구 대치동의 경우, 같은 생활권이나 행정동이 다른 역삼동에 비해 전세와 매매가격이 더 높다.

만약 시계를 수십 년 전으로 돌려 1980년대 초중반으로 돌아가

보면, 역삼동은 지하철 2호선이 지나가는 교통 좋은 동네인 데 비해, 대치동은 인프라가 제대로 갖춰지지 않은 지역이었다. 1980년대 초반만 하더라도, 대치동 은마아파트 주변은 대규모 논으로 둘러싸여 있었다.

지하철 3호선이 양재에서 대치동으로 연장된 것은 1993년의 일이었고, 대치동 학원가는 1990년대 초반 이후에 형성되었다. 1980년대만 해도 두 지역의 가격 차이는 크지 않았는데 시간이 지남에 따라 격차가 벌어지기 시작했다. 1980년대 초에 서울로 갓 이주한 사람이라면 어느 지역 – 강북 또는 강남, 만약 강남이라면 역삼동 또는 대치동 – 을 선택했느냐에 따라 현재의 자산 규모가 매우 다를 것이다.

1920년, 하이면을 떠나 가족을 이끌고 경성에 정착한 정세권은 거주지와 사업소재지를 선택해야 할 결정의 순간에 직면했다. 사대문 밖에 거주할 것인가, 아니면 사대문 안에 거주할 것인가? 만약 사대문 안에 거주하고자 한다면, 남촌인가 북촌인가?

사대문 밖을 살펴보면, 경성 북쪽과 서쪽은 지형적으로 확장하기 힘든 형편이었고, 남쪽은 일본인 주거지가 후암동을 거쳐 용산으로 뻗어 가는 중이었다. 따라서 부동산 디벨로퍼에게 실질적으로 개발 가능한 지역은 동대문 밖 창신동 주변이었다.

현재의 창신동은 동대문 상권의 의류제조지구로, 서민 주거 지역으로 인식되고 있으나, 19세기 후반 20세기 초반의 창신동은 부유층 거주지이자 별장지였다. 일례로, 한일은행 설립자 조병택의 대저택과 미디어 아티스트 백남준(백남준의 부친 백낙승은 당시 대재벌이었다)의 생가가 창신동에 있었다. 하지만 1920년대 경성의 산업도시화와 맞물려 창신동은 지방의 빈민들이 몰려들어 사는 토굴(무허가 주택촌)로 변모하기 시작했다. 따라서 창신동 지역은 정세권 가족에게 첫 정착지로 매력적이지 않았다.

결국 그는 사대문 밖보다는 사대문 안 지역을 선택하게 된다. 하지만 종로 이남 남촌은 이미 일본인 세력권이었다. 따라서 그에게 남은 선택지는 종로 이북이었고, 그중에서도 현재의 북촌 일대(삼청동, 가회동, 계동, 낙원동 일대)였다. 지배계층에 속하지 않았던 조선인 디벨로퍼가 선택할 수 있는 현실적인 개발 후보지였던 셈이다.

디벨로퍼는 토지를 확보하고 건물을 지어 분양하거나 임대를 해 수익을 낸다. 따라서 첫 번째 조건이 토지 확보인데, 좋은 위치의 토지를 남들보다 빠르고 쉽게 확보할 수 있어야 한다. 그리고 토지의 규모도 중요한데, 여러 작은 토지들보다는 하나의 대규모 토지가 개발에 유리하다. 토지 면적이 같더라도 50평대 토지 열 곳을 개발하기보다는 하나의 500평 토지 개발을 선호한다. 한 곳을 개발한다고 치더라도 최소의 투입 비용(예를 들어, 최소 1인의 건설관리자 상주)이 존재하기 때문에, 50평 열 곳의 동시 개발 총공사비는 하나의 500평 토지 개발비보다 많다.

정세권에게도 상대적으로 큰 토지를 쉽게 구할 수 있는 지역이 매력적이었을 것이다. 그는 이런 관점에서 삼청동, 가회동, 계동, 익선동 지역에 관심을 가졌을 것이다. 일제 통치가 이어지면서 조선의 귀족 출신들마저도 가세가 기울어 자신들의 토지를 대거 시장에 내놓았고, 토지시장에서 물건(토지) 구하기가 용이할 때였다. 실제로 정세권은 조선 왕족의 종친 이해승 소유의 누동궁(익선동 166번지)과 고종의 서자 완화궁의 사저(익선동 33번지)를 매입해 한옥집단지구로 개발했다.

〈그림 5〉의 기사는 당시 조선 왕족 소유의 부지(광화문 소재 미술공장)가 일본인에게 매도되었다는 소식으로, 대규모 토지들이 토지시장에 나왔음을 알려 주는 반증이다.

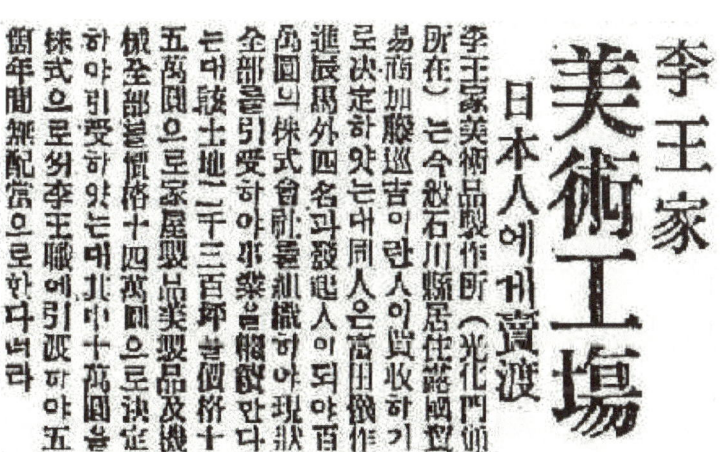

그림 5 대규모 부지 관련 기사 '이왕가 미술공장 일본인에게 매도' (『동아일보』 1922. 2. 3)

또 하나 중요한 점은 부유층 부동산 매물은 은밀하게 거래된다는 것이다. 즉 물건이 모든 부동산 중개업자에게 공개되는 것이 아니라, 지인을 통해 자본력이 있는 일부에게만 정보가 제공되었다. 지금도 성북동과 평창동 등 부유층 밀집 지역에서 거래되는 물건은 매우 한정된 부동산 중개업소를 통해서만 정보가 나온다. 지체 높은 조선의 귀족들은 자신의 토지를 매도하고자 할 때 부동산시장에 공개하지 않고 소수의 자본가에게만 정보가 제공되는 것을 원했을 것이다. 이런 정보 전달은 자연스레 대면접촉 기회가 많을수록 용이해진다. 서로 신뢰가 쌓이기 때문이다.

따라서 그의 북촌 입성은 부동산시장에 나온 대규모 토지 정보를 쉽게 알 수 있다는 점, 지주 작업을 하기 위한 대면접촉이 보다 용이하다는 점 등에서 당연하고 현명한 선택이었다.

정세권의 둘째 딸 고 정정식의 증언이다.

"제가 1921년 계동에서 났으니까, 계동으로 바로 들어가셨던 것 같아요. 그때 계동에는 맹현동산이라고 맹정승 땅이 있었어요. 그 동산이 관리가 안 된 상태여서, 몰래 들어가서 동산에서 막 구르고 놀았어요."(둘째 딸 고 정정식 인터뷰 2015. 9. 1)

조선의 귀족들마저 경제적으로 곤궁에 빠지면서 유지관리비용이 많이 들어가는 대저택은 고민거리가 되었다. 관리가 안 된 채 폐허

상태로 놓여 있거나 토지매매시장에서 매수인을 기다리는 처지였다. 조선 귀족들이 하우스 푸어가 되어 토지를 내놓게 된 북촌 지역은 정세권에게 기회의 땅이었다.

◆ ◆ ◆
전방위적 부동산 거대 기업을 일구다

　1920년대 경성 인구가 빠르게 증가하는 상황과 궤를 맞춰 정세권의 부동산 개발사업 역시 엄청난 성공을 거둔다. 1920년 북촌 진입(1920년 9월 건양사 설립) 후 10년도 안 되어 큰 부를 축적해 경성, 아니 조선을 대표하는 부동산업계의 거물로 성장한 것이다.

　당시 경성은 도시가 성장함에 따라 경성의 이모저모를 설명하고자 하는 사회적 욕구가 있었다. 조선의 수도 경성에 대한 체계적인 소개서가 필요하다는 공감대를 바탕으로 홍문사에서 1929년에 『경성편람』을 출판했다.

　당시 『동아일보』는 "경성이 삼십만 명이나 사는 대도시임에도 문화적으로 경제적으로 조선의 심장인 경성을 소개하는 책이 한 권도 없다"고 한탄하면서, "여러 학자 및 신문사 편집국장들의 협조하에 완전히 경성을 소개하는 책이 나온다"고 큰 기대감을 표시했다.

『경성편람』에 참여한 인물들은 당대 조선을 대표하는 명망가들이었다. 교육, 종교, 언론, 금융, 실업, 과학(발명), 의료, 법조, 건축 등 총 19분야의 대표적 인물들이 필진으로 참여했는데, 식민지 시기는 물론 해방 이후에도 한국사회에서 주요한 역할을 담당한 사람들이었다. 교육계에서는 최두선(중앙고등보통학교 교장, 경성방직 사장, 대한적십자사 총재), 유억겸(연희전문 교장, 문교부 장관), 김활란(이화여대 총장), 언론계에서는 송진우(동아일보 사장), 법조계에서는 김병로(초대 대법원장) 등이 참여했다. 그리고 건축계(건축설계가 아닌 부동산·건설업)를 대표해 건양사의 정세권이 「건축계로 본 경성」이라는 글을 실었다. 정세권의 나이 41세, 경성으로 거처를 옮기고 건양사를 설립한 지 불과 10년도 안 되어, 조선을 대표하는 부동산업계의 거두로 성장한 것이다.

『경성편람』에 실린 정세권의 글은 비록 매우 짧지만 그가 생각하는 주택의 기능과 사업 대상 그리고 추구하고자 하는 사회적 가치를 보여준다.

> 근래의 경향은 일반(인들)이 개량식을 요구하는 모양입니다만, 개량이리면 별것이 아니라 종래 작았던 정원을 좀 더 넓게 하여 양기가 바로 투입하고 공기가 잘 유통하여 한열건습의 관계 등을 잘 조절함에 있습니다. (……) 활동에 편리하며, 건축비, 유지

비와 생활비 등의 절약에 유의함이 본사의 사명입니다.(정세권, 「건축계로 본 경성」, 『경성편람』, 홍문사, 1929)

글에서 '개량'이라는 용어를 사용했듯이, 그가 건설하고자 한 주택은 거대한 대지를 품은 대형 한옥이 아니라 이전 시기와 다른 차원의 20세기형 한옥이었다. 이 한옥은 기능이 과거보다 개량되고 일반인들이 좀 더 편한 삶을 살 수 있는 주택이어야 했으며, 적정한 가격대에 지어져 서민들이 적정한 비용을 내고 살 수 있는 집이어야 했다. 따라서 그가 제시한 한옥은 과거의 전통적 멋은 보유하되 20세기형 라이프스타일을 담보하는 20세기형 퓨전한옥이었다.

그리고 그는 같은 글에서 한옥의 소비층과 이들에 대한 금융상품까지 언급했다.

> 중류 이하의 계층을 구제하기 위하여 년부, 월부의 판매제도까지 강구하여 주택난에 대해 다소의 공급이 있었다고 봅니다.

"중류 이하의 계층을 위해 년부와 월부 판매제도를 강구한다"는 대목이 던지는 시사점은 매우 크다. 주택을 판매하는 디벨로퍼가 위험을 회피하고 수익을 극대화하는 방법은 판매대금을 일시에 받아서 이익을 즉각적으로 회수하는 것이다. 그런데 그는 년부와 월부로 받는다고 했다. 그것도 대상이 '중류 이하의 계층' 즉, 중산층 이하 서민들이다. 북촌의 그 유명한 가회동 31번지를 건양사에서 개발한 데서 알 수 있듯이 건양사는 부유층을 위한 한옥집단지구도 건설했다. 그러나 그는 글에서 서민들을 위한 한옥을 건설하고 그들이 월부로 집을 구할 수 있는 편의를 제공한다고 밝히고 있다. 민간회사인 건양사가 일종의 주택금융모기지를 제공해 주택난을 덜어주겠다는 의도다.

현재 대한민국에서 9억 원 이하 주택 구입 시 주택금융모기지를 제공하는 기관은 주택금융공사라는 공기업이다. 21세기 공기업에서 수행하는 일인데, 100년 전 경성의 디벨로퍼가 서민층의 주택난을 덜기 위해 자체 파이낸스 상품(월부상품)을 개발해 시장에 내놓았고 '다소의 공급' 즉, 주택 공급을 늘려 주택난 해소에 일부 기여했다고 밝히고 있다. 건양사의 자본력이 안정적이었음을 반증하는 것이며, 또 그 자본의 규모가 매우 크고 주택금융에 대한 노하우가 있었음을 의미한다.

부동산 개발 및 운영은 크게 아래의 절차와 구조 그리고 참여자들이 존재한다. 부동산 디벨로퍼는 본인이 개발하고자 하는 토지를 매입한 후, 어떤 건물을 건설할지 기획하고 건축설계회사에 설계를 의뢰한다. 자기자본을 투자하거나 금융기관의 대출을 활용해 토지를 매입하고 개발에 들어간다. 시공회사를 고용해 건물을 완성하도록 하며, 시공이 제대로 되고 있는지를 본인이 확인하거나 또는 감리회사를 시켜 관리 감독한다. 건물이 준공된 이후에는 분양대행사를 통해 일반인에게 분양하거나 본인이 소유하며 임대를 놓기도 한다. 주택을 매입하거나 임대(전세)하는 경우, 매입인 또는 임차인은 금융회사로부터 대출을 받기도 한다. 따라서 기획과 설계, 시공, 감리, 분양 및 임대, 중개업, 금융 등이 부동산에서 핵심적인 요소다.

그런데 건양사는 부동산 개발 및 건설 전문회사로서 자연스럽게 기획과 설계, 시공, 감리 등의 영역에서 전문성을 확보하고 있었다. 그리고 주택금융까지 운영하면서 업무의 영역을 넓혔다.

더 나아가 건양사는 중개업도 관할하고 있었다. 소설가 이태준의 단편소설 「복덕방」은 1930년대 서울의 한 복덕방을 배경으로 세 노인의 삶을 담고 있다. 등장인물 중 서참의는 복덕방의 주인으로 가회동에 큰 한옥을 갖고 있는 꽤 잘사는 인물이다. 그 인물이 어떻게 돈을 벌었고, 현재의 삶은 어떤지를 다음과 같이 설명한다.

> 서참의는 참의로 다니다가 합병 후에는 다섯 해를 놀면서 시기를 엿보았으나, 별수가 없을 것 같아서 이럭저럭 심심파적으로 갖게 된 것이 이 가옥중개업이었다. 처음에는 겨우 굶지 않을 만한 수입이었으나 대정팔구년(1919~1920년) 이후로는 시골 부자들이 세금에 몰려, 혹은 자녀들의 교육을 위해 서울로만 몰려들고 (······) 몇 해를 지나 가회동에 수십 칸의 집을 세웠고 또 몇 해 지나지 않아서는 창동 근처에 땅을 장만하기 시작하였다. 지금은 중개업자도 많이 늘었고 건양사 같은 큰 건축회사가 생겨서

> 당자끼리 직접 팔고 사는 것이 원칙처럼 되어가기 때문에 중개료의 수입은 전보다 훨씬 줄은 셈이다. (이태준, 「복덕방」, 『조광』, 조선일보사출판부, 1937. 3, 69쪽)

경성에 인구가 급증하면서 추가적인 주택 수요가 붙어 중개업 활황으로 초기에 돈을 좀 모았으나, 현재는 중개업 자체의 수입이 줄어들고 있는 형편이라는 내용이다. 그 이유를 정세권의 건양사 같은 대형 디벨로퍼들이 한옥 판매자로서 구매자와 직접 매매하거나 직접 임대하기 때문이라고 설명한다.

건양사는 디벨로퍼이면서 자체 설계팀과 시공팀을 갖춘 건설업체인 동시에 중개업 영역까지 확보한, 즉 부동산의 모든 영역을 수직적으로 통합한 회사였다. 그리고 부동산 관련 모든 영역(개발·기획, 설계, 시공, 중개)을 통합하며 주택금융을 관할했던 건양사는 자체 브랜드를 일반인에게 각인시키기에 이른다.

1936년 『매일신보』는 신흥 자본가로 성장한 인물들을 조명하는 「나는 어떻게 성공하였나」라는 시리즈를 연재했다. 5회차 연재에 부동산·건설업계를 대표해 정세권의 건양사를 다음과 같이 소개했다.

> 최근 10년 전부터 시골서 소위 견딘다는 사람늘(약간의 자산이 있는 사람들)이 서울로 올라와서 서울 장안에는 그들이 사는 산뜻한 새집으로 군데군데 난데없는 새 부락을 이루었습니다.

(……) 이런 경향으로 장안에 갑자기 집장사가 많이 생겼고 또 그 집장사들이 돈푼도 족히 모았습니다만, 그중에도 (정세권의) 건양사라면 아낙네들까지 짐작할 수 있을 만큼 이름이 낫습니다.(『매일신보』, 「나는 어쩌케 성공하얏나(5)」, 1936. 5. 21)

일반 아녀자들도 알 만큼 정세권의 건양사가 대중들에게 알려졌다는 것이다. 그 무렵 조선 상류계급이나 유학을 다녀온 사람들은 한옥보다는 문화주택이라 불리는 서양식 주택을 선호했다. 따라서 당시 디벨로퍼들이 건설한 한옥집단지구는 오늘날의 다세대·다가구 단지로 볼 수 있다. 하지만 현재 우리 주변에 다세대·다가구 전문 디벨로퍼로 이름을 날리는 업체는 없다. 대기업 건설회사마저도 자체 브랜드(삼성의 래미안, 대림의 e편한세상, 대우의 푸르지오 등)를 들고 나온 것이 1990년대 후반이다. 즉, 100년 전 대중들이 인지하는 주택 브랜드를 각인시킨 디벨로퍼의 존재는 대단한 것이었다.

◆◆◆ 건축왕의 놀라운 불황 타개 전략

1936년, 『매일신보』의 성공한 사업가 소개 연재(「나는 어떻게 성공하였나?」) 5회차에 정세권의 인터뷰가 실렸다. 여기서 눈에 들어오는 부분은 제목이다.

> 집값 폭락 시대의 무시무시한 그때를 말하는 건양사주 — 정세권 씨

1920년대 이후 경성의 인구는 매년 큰 폭으로 증가했다. 일반적 상식으로는 인구라는 주택 수요가 증가했으니 집값 역시 지속적으로 상승해야 한다. 즉, 1920년 이후 집값은 인구 성장에 걸맞게 지속적으로 올랐어야 한다. 그럼에도 기사는 "집값 폭락 시대의 무시

무시한 그때"가 있었음을 전한다.

주택시장에서는 가격이 끝없이 상승하거나 끝 모르게 떨어지는 상황은 절대 존재하지 않는다. 2,000년대 중반, 집값이 끝없이 오를 것이라는 믿음이 팽배했다. 하지만 2008년 말 전 세계를 휩쓴 금융위기의 순간, 집값이 하락세로 접어들었다. 그러나 서울은 2015년을 기점으로 반등해 상승세로 접어들었다. 어느 국가, 어느 시기를 막론하고 주택시장은 사이클이 존재하는 시장이다. 즉 가격이 상승하다가 어느 시점에는 하락하고 또 어느 시점에는 상승하는 시장인데, 이러한 상황이 100년 전 경성에서 벌어졌다.

1936년, 기자와 정세권의 인터뷰 내용이다.

> 정세권: 저는 원래 고성의 한 부락에서 살았는데, 그때부터 가옥에 대한 취미를 느끼게 되었습니다. 그 후 대정 8년(1919년)에 상경하여 1년 동안 여러 가지 준비를 한 후, 그 이듬해(1920년)부터 가옥을 건축하기 시작하였습니다. 저에게 한 가지 특징이 있다면, 그 후 20년 가까운 세월을 보내는 동안 한 번도 손해를 본 적이 없다는 것입니다.
>
> 기자: 한 번도 손해를 아니 보셨다니, 대정 8년(1919년) 호경기 때 좋은 집 한 칸은 400원까지 올랐지만, 2년 후 대정 10년(1921년) 집값은 한참 폭락하여 180원까지 떨어지지 않았습니까?
>
> 정세권: 아마 선생님 생각에는 이 물음에 대한 저의 대답이 곧

란하리라 여기셨을지 모릅니다. 그러나 이야기의 중심은 바로 이 점에 있습니다. 말씀하신 대로 한 칸에 400원 하던 주택 가격이 반값 이하로 폭락하여 장안의 집장사는 모두 손해를 보았으나, 저는 유독 절대로 한 푼도 손해 보지 않았습니다(웃으면서).(『매일신보』, 「나는 어써케 성공하얏나(5)」, 1936. 5. 21)

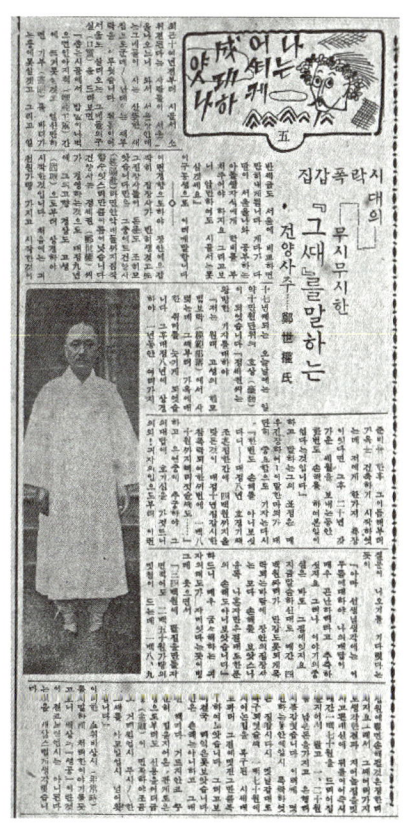

그림 6 '나는 어써케 성공하얏나(5)'(『매일신보』 1936. 5. 21) ⓒ한국언론진흥재단

이 인터뷰에는 건양사가 어떻게 빠르게 성공했는지에 대한 힌트가 담겨 있다.

일제는 조선을 강제합병한 이후 조선 경제력을 장악하기 위해 회사령을 공표했다가, 1919년 3·1운동 이후 문화통치로 전환하면서 1920년 3월 회사령을 폐지한다. 회사령은 회사 설립을 허가하는 제도이기 때문에, 조선인 회사 설립을 허가해주지 않을 권한이 있었다. 여러 지표는 1910년대에 조선인 회사들의 출현이 매우 미약했음을 보여준다. 하지만 회사령 철폐로 회사 설립이 신고제로 바뀌면서 조선인 회사들이 출현하기 시작했다. 건양사는 회사령 철폐 6개월 후인 1920년 9월 9일 설립되었다.

1920년까지의 호경기 동안, 건양사를 비롯한 주택건설개발 회사들은 큰 사업 기회를 거머쥐었을 것이다. 경성으로 인구가 몰리는 호경기 시절, 주택개발회사들이 큰돈을 버는 것은 당연했다. 그렇기에 회사의 저력은 불황에 직면했을 때 나타나며, 어떤 전략을 세워 탈출하느냐가 관건이다.

1921년과 1922년의 경성 부동산 가격 대폭락은 살아남은 자에게는 어마어마한 기회였다. 경쟁자들이 시장에서 도태되었고, 살아남은 회사는 시장 지배자이자 선도자 역할을 할 수 있었다.

정세권의 건양사는 불황의 파고에서도 독특한 전략을 펼쳤다. 부실 자산을 즉각 매도하고 시장 상황에 걸맞은 신규 개발사업을 진행하고, 이를 통해 기존 부실을 축소해나갔다.

이어지는 정세권의 증언이다.

> 한 칸당 300~400원에 팔 집을 만들기 위해서는 적어도 칸당 250원 가량의 밑천이 들어갑니다. 이런 집을 180~190원에 팔면 손해가 나는 것이 당연하지요. (그런데 여기서 이런 전략이 가능합니다.) 지은 집을 밑지고 판 대신에 뒤를 이어 즉시 한 칸에 170원에 집을 지어 팔고, 10~20원쯤 남은 돈으로 은행이자를 갚습니다.(『매일신보』,「나는 어쩌케 성공하얏나(5)」, 1936. 5. 21)

위의 상황을 재해석하면 다음과 같다.

시장이 호황이었을 때는 시장에서는 한 칸당 300~400원의 주택 수요가 존재했다. 가격을 상대적으로 높게 책정할 수 있으니 꽤 좋은 시설의 주택을 건설할 수 있었고 칸당 250원의 비용이 들어갔다. 하지만 갑자기 대폭락 상황이 닥쳐 주택매매가가 칸당 180~190원으로 내려간다면, 기존의 주택(시설이 좋은 주택)을 60~70원 손해를 감내하고서라도 즉각 매도한다. 21세기적으로 해석한다면 증권시장에서의 손절매이며, 부동산 부실자산(NPL : Non-Performing Loan)을 즉각적으로 처분하는 것과 같은 대담한 전략이다.

하지만 부동산 개발산업에서 NPL을 처분하고 어떤 사업도 시작하지 않는 것은 앉아서 끊임없이 손해만 보는 어리석은 행위다. 만약 시대적 흐름을 간파하는 통찰력(경성 인구 폭증으로 주택 수요는 지속된다. 현재의 흐름은 몇 년 후 분명히 바뀐다)이 있다면, 신규 개발사업을 일으켜 회사 매출을 발생시켜야 한다.

여기서 정세권의 전략이 빛나는 이유는 적정 주택을 적정 가격에 공급하면서 매출을 확대했다는 점이다. 정세권은 비싼 집값에 맞게 여러 옵션을 집어넣은 높은 수준의 주택이 아니라, 수요자들에게 필요한 적정한 기능이 있는 주택을 적정한 가격에 공급했다. 기존과 같이 칸당 250원에 맞는 상대적으로 양질의 주택을 건설하는 것이 아니라, 칸당 170원에 맞는 적정한 수준의 주택을 건설한 것이다. 그리고 6~12%의 마진을 붙여서 180~190원의 시장 가격에 판매한다. 그렇다면 정세권의 건양사는 10~20원의 이익을 낼 수 있다.

즉, 기존 주택 매각으로 칸당 60~70원의 손해를 보더라도 매출을 지속적으로 확대한다면 10~20원의 이익이 꾸준히 발생하므로 기존의 손해를 메꾸어 나갈 수 있다. 더 나아가 그의 바람대로 시장이 과거의 가격으로 회복되어 칸당 400원이 된다면, 그는 10~20원의 이익이 아니라 230원의 이익, 즉 원가 대비 130%의 이익을 건지게 된다.

디벨로퍼가 부동산 개발사업을 수행하는 경우, 사업 비용을 전부 자기자본으로 충당하는 일은 거의 없다. 미국과 같이 부동산 개발업과 관련 금융업이 발달한 경우, 일반적으로 디벨로퍼는 전체의 20~30% 정도를 자기자본으로 충당한다. 물론 이 경우에도 자기자본 내에 외부 투자자 자금을 이용하는 경우가 상당하다. 따라서 부동산 개발사업에서 디벨로퍼와 금융권 간 신뢰관계는 사업 성공에 필수라고 할 수 있다. 그리고 이러한 신뢰는 부동산 하락기에 더욱 빛날 수밖에 없다. 상승기에는 사업이 잘되기 때문에 은행 대출을 충분히 갚고도 남으나, 하락기에는 사업의 돈줄이 막히기 때문에 은행 대출을 갚을 여력이 없기 때문이다.

건양사는 독특한 전략으로 부동산 폭락기를 무사히 지날 수 있었고, 결과적으로 금융권과 강력한 관계를 구축하게 되었다.

> 이렇게 몇 번 하는 동안에 일시 폭락하였던 집값이 다시 옛날 값대로 복구되었을 때, 170원에 지은 집을 복구된 시세(칸당 400원)대로 팔아 그전에 밑진 그만큼 복구하여 놓았습니다. 그렇게 하면 결국 이익은 못 볼 수 있습니다만, 손해는 보지 않고 그 대신 해마다 거르지 않고 꾸준히 집을 지어온 관계로 은행으로부터 신용을 얻어 금융이 민활하여 조금도 거리낌 없이 무시무시한 그때를 아무 일 없이 넘어왔습니다. (『매일신보』, 「나는 어쩌케 성공하얏나(5)」, 1936. 5. 21)

그리고 시장은 그의 예상대로 곧바로 상승세로 돌아섰다. 그의 또 다른 증언이다.

> 대정 8년(1919년) 당시에 농촌인구가 도시에 집중됨으로 다량의

> 주택이 필요케 되었는데, 당시 주택 가격의 폭등은 형언할 수 없는 바가 있어서, 현재(1940년)와 비교할 바가 아니었습니다. 당시에는 물자가 상당히 있었기 때문에 돈만 있으면 얼마든지 물자 구입이 가능하였으므로 2, 3년간은 주택경기 활황을 보게 되었으나, 그 뒤 대정 11년(1922년)경에 이르러 대폭락을 보게 되었습니다. 이렇게 한동안 주택 가격은 저위(저위, 낮은 상태)를 유지하였는데, 대정 12, 13년(1923, 1924년) 이래 점점 높아져 소화 5년(1930년)에 다시 상당히 고가에 이르게 됩니다.(『매일신보』, 「경기는 앞으로 어떠할까」, 1940. 1. 6.)

그의 전략(NPL 즉각 처분과 적정 가격의 적정 주택 대량공급)과 함께 주택 가격이 다시 오를 것이라는 통찰력은 대폭락장에서 건양사를 굳건히 지켜냈다. 1923년 드디어 부동산 시장이 상승세로 돌아선 순간, 경성의 부동산 시장 내 다른 디벨로퍼들은 도태되어 있었고, 폭락장을 거치면서 금융권과 파트너십을 구축한 건양사가 선도적 위치에 올라섰다. 경성 최대 디벨로퍼, 건축왕 정세권의 시대가 열린 것이다.

80년 전의 대규모 기업형 주택임대사업

 2010년대 중반 뉴스테이(민간 건설사가 중산층용 임대아파트를 개발하고 운영하는 사업) 정책이 큰 호응을 얻은 적이 있다. 정부가 저금리 은행 이자 등의 인센티브를 제공하면서, 건물 건설 후 분양 위주 사업을 하던 민간 건설회사들이 대규모 주택임대사업에 첫발을 내디딘 것이다.

 사실 해외에서는 민간 부동산회사들이 중산층과 서민을 대상으로 임대주택을 개발하고 운영하는 사업이 매우 일반화되어 있다. 하지만 부동산 개발산업이 낙후한 우리나라에서는 임대주택(또는 임대아파트)을 LH(한국토지주택공사)와 SH(서울주택도시공사) 등 공기업이 개발 운영하는 저소득 서민주택으로 한정해 해석하는 경향이 있다. 이는 매우 잘못된 편견이다. 중산층 또는 서민용 임대아파트 시장은 민간 디벨로퍼에게 충분히 매력적인 시장이기 때문에, 해외에서는 임대아파트 전문 민간 개발운용회사들이 많이 존재한다. 국제신용평가기관 스탠다드앤푸어스S&P의 주식가치 기준 500대 기업에 속하는 아발론베이AbalonBay의 경우, 회사의 주식가치가 270억 달러(2025년 9월 기준)에 달하며 미국 전역에 8만 3,000여 채의 아파트를 소유하고 임대하고 있다.

21세기의 우리에게 민간기업의 임대주택 개발 및 운영사업 진출이 새롭고 신기하게 여겨질 수 있으나, 지금으로부터 80년 전 경성의 디벨로퍼는 이미 민간이 운영하는 임대주택 시장의 성공 가능성을 예견하고 사업을 진행하고 있었다.

경성 주택시장에는 1920년부터 1940년 사이 크게 세 번의 사이클이 존재했다. 1910년대부터 1921년까지 급등한 주택시장은 1922년과 1923년 사이 50% 이상 하락하는 대폭락을 경험한다. 1924년 이후 서서히 오르던 주택시장은 세계대공황기(1929~1933년)에 다시 하락세로 반전했다.

이후 다시 폭등하기 시작한 주택시장은 1937년 일제가 중일전쟁을 일으키면서 폭락한 뒤, 1939년 이후 다시 반등하고 제2차 세계대전의 파고 속에서 횡보를 거듭하게 된다.

1922~1923년 대폭락장에서 살아남은 정세권은 시장의 선도적 위치에 올라선 후 별 무리 없이 사업을 영위했고, 1930년대 초반의 부동산 불경기 역시 별 탈 없이 견뎌냈다. 그리고 1939년 제2차 세

그림 7 '경영백태'(『매일신보』 1939. 1. 6) ⓒ한국언론진흥재단

계대전의 파고가 거세지는 시점에서 그는 남다른 통찰력을 보여준다. 바로 민간 임대주택 시장 진출이었다.

> 사변(1937년 중일전쟁)으로 인하여 집장사가 받은 영향은 상당히 큽니다. 사변이 일어난 바로 뒤부터 집 매매는 중지 상태에 빠지고 집값은 약 20%가량 떨어졌으며, 새로 짓는 집은 전혀 없다시피 되었다가 서울의 주택난이 점점 심해져 가기 때문에 금년(1938년) 여름부터 집값이 도로 올라서 지금은 사변 전의 가격과 거진 같습니다. 그러나 건축 재료가 꼭 10% 올랐기에 전과 같이

> 집장사의 채산이 서지 않습니다. (……)
> 앞으로 집장사는 도저히 전과 같은 채산을 바라기는 어려우므로 집을 새로 짓는 것은 일체 중지하고 그 대신 집세 받는 영업으로 전환할 작정입니다. 서울은 소위 대도시라고 하면서 기업적으로 집세 빌리는 업을 하는 사람이 없고 소위 셋집이 증가한 것은 그 집이 팔릴 동안에 임시로 들어 있으라는 것이기 때문에 그 불편이란 이루 말할 수 없습니다. 그런 까닭에 앞으로 집장사들의 나아갈 방침은 대규모의 조직적인 집세 놓는 것이 아닌가 합니다.
> (『매일신보』, 「경영백태」, 1939. 1. 6.)

과거 그는 한옥집단지구를 개발하면서 집이 팔리기 전, 몇 개월의 단기 임대를 놓곤 했다. 해외에서 돌아온 유학생들의 편의를 봐주기도 했고, 자금이 넉넉하지 않은 서민들에게 월부로 주택을 임대해주기도 했다.

> "춘원 이광수 선생이나 고루 이극로 선생이 외국에서 공부하고 돌아왔을 때, 그 인텔리들이 살 집이 없어서 쩔쩔맸어요. 그래서 아버지는 본인이 건설한 단지의 한옥 중 빈집이 있으면, 그런 분들이 와서 살게 했어요."(둘째 딸 고 정정식 인터뷰 2013. 10. 4)

1939년 그는 "서울은 소위 대도시라고 하면서 기업적으로 집세 빌리는 업을 하는 사람이 없"기에 시장에 경쟁자가 없음을 확인하고, "그 집이 팔릴 동안에 임시로 들어 있으라는 것이어서 (소비자에게) 그 불편이란 이루 말할 수 없"기에 수요가 존재함을 직감했다. 또 건축비 상승으로 채산성이 나빠져 주택매매 가격이 한계가 있고 시장 이치에 맞지 않는다고 보았다. 즉, 주택매매 시장 위축은 당연한 상황이었다.

이에 더해 전시 상황이어서 부동산 시장의 미래가 매우 불투명했다. 따라서 그의 선택은 주택매매 사업에 집중하는 것이 아니라, "대규모의 조직적 집세를 놓는" 즉 대규모 주택임대사업이었다.

부동산에서의 수입은 크게 두 가지로 나뉜다. 싸게 사거나 싸게 건설한 부동산을 비싸게 판매함으로써 얻는 자본 수입과 부동산 매입 혹은 건설 후 다른 사람에게 임대를 주고 임대료를 받는 임대 수입이다.

부동산 상승기에는 자본 수입으로 큰 이익을 낼 수 있고, 또 소유 후 임대를 통해서도 큰돈을 벌 수 있다. 그런데 부동산 시장이 침체기에 빠진다면 자본 수입을 통한 이익은 생각할 수 없지만, 임대 수입으로 나름의 수입을 유지할 수 있다.

게다가 부동산 디벨로퍼들이 분양을 통한 자본 수입만 노린다면, 이익을 남기고 부를 축적할 수는 있어도 한 나라를 대표할 만큼 큰 부를 축적하기 힘들 수 있다. 부동산 투자에서 큰 성공을 보장하는 전략의 하나는 가격이 저렴한 매물을 매입해 가치를 끌어올린 뒤

높은 가격에 파는 것이다.

즉, 준공과 동시에 건물을 팔아 단기간의 이익을 챙기기보다는 준공 이후 해당 지역과 건물의 가치를 업그레이드한 후 판매하는 것이 더 좋은 전략이다.

한국의 대형개발사업을 홍보하는 선전성 기사에 자주 등장하는 표어 중 하나는 "한국형 롯폰기힐스를 건설하겠다"는 것이다. 롯폰기힐스는 일본의 대형 디벨로퍼인 모리 빌딩회사에서 추진한 복합개발프로젝트(아파트, 오피스, 쇼핑몰과 문화시설 등)로 만들어진 지역이다. 그리고 모리 빌딩회사는 모리 미노루 회장이 부친과 함께 작은 개발사업을 진행하면서 사업을 일궈 일본 최대의 디벨로퍼로 성장한 회사다.

한때 모리 미노루는 일본 최고의 부자로 손꼽히기도 했다. 만약 그가 건물 준공과 동시에 건물을 팔아버렸다면 일본 최고의 부자가 될 수 없었을 것이다. 그의 주요 전략은 일부 건물은 팔더라도 일부는 임대를 주면서 관리하고 가치를 끌어올리는 것이었다. 즉, 자본수입과 임대 수입을 모두 고려하는 전략이었다.

따라서 제대로 된 디벨로퍼는 자본 수입과 더불어 임대 수입을 고민해야 한다. 2015년, 2008년 세계경제위기로부터 7년이 지나서야, 그것도 정부가 정책 인센티브(뉴스테이)로 판을 깔아준 후에야 대한민국의 민간 건설회사들(이들은 디벨로퍼가 아니다)은 민간 주택 임대사업에 참여했다.

1939년, 정세권의 건양사는 사회 경제적 흐름을 간파하고 민간 주택임대사업 진출을 선언했다. 그는 자본 수입과 임대 수입을 이해한 진정한 디벨로퍼였다.

더 위생적이고 더 실용적이고 더 경제적인 주택 개발을 위한 노력

정세권은 본인이 건설한 한옥의 품질을 검수하기 위해 한 지역에 한옥집단지구를 개발하면 온가족이 이사를 해 그 집에서 일정 기간 거주했다. 실제로 살아보면서 집의 하자 등을 고치고 품질을 유지하기 위해서였다.

> "할아버지께서 계속 집을 지으셨기 때문에 정말 자주 이사를 하셨어요. 새로 입주한 집을 외할머니께서 손보시곤 했어요. 그러면 할아버지가 이내 집을 팔아버려서 이사가 매우 잦았어요."
> (정세권 외손녀 김재원 이메일 인터뷰 2015. 9. 10)

그림 8 '조선인 생활에 적응한 주택설계도 안현상모집' 광고(『조선일보』 1929. 3. 21)

그림 9 '주택설계도안 당선 발표'(『조선일보』 1929. 5. 30)

그는 주택을 구조적으로 좀 더 개량해야 한다고 생각했다. 그는 1925년부터 어떻게 하면 더 위생적이고 더 실용적이고 더 경제적으로 주택을 건설할지 끊임없이 고민했다.

그 연장선상에서 정세권은 조선일보와 함께 주택개선 현상공모전을 개최하기도 했다. 1929년 3월, 건양사와 조선일보가 공동으로 '주택설계도안 현상모집'을 주최했고, 해당 행사에는 600명이 응모했다.

〈그림 8〉의 광고에서 볼 수 있듯이, '주택설계도안 현상모집'의 목적은 시사하는 바가 크다. '조선인 생활에 적응한 주택설계도안'임을 밝혔듯이, 주택은 조선인들의 생활방식을 반영한 주택이어야 했다. 그러면서 동시에 현대문화생활이 가능한 주택이어야 했으며, 6인 가족이 살 수 있는 크기이며 건축비 역시 이들이 살 수 있는 조건에서 합당한 것이어야 했다.

즉, 그가 원하는 조선의 주택은 조선인들이 조선의 생활습관을 유지하되 새로운 라이프스타일을 받아들인 실용적인 공간이어야 했으며, 경제적으로도 합리적인 가격대여야 했다.

그의 이러한 노력은 중당식 한옥과 건양주택을 통해서 실제로 구현된다. 중당식 한옥은 마당을 중심으로 배치하는 중정식과 달리 마루 개념의 거실을 중심으로 방들이 모여 주변 공간을 둘러싸는 형태를 갖는다. 현관이 있어 외부도로에서 직접 진입할 수 있다. 내부 공간의 방들은 남향으로, 부엌은 북향으로 건설되었다. 익선동과

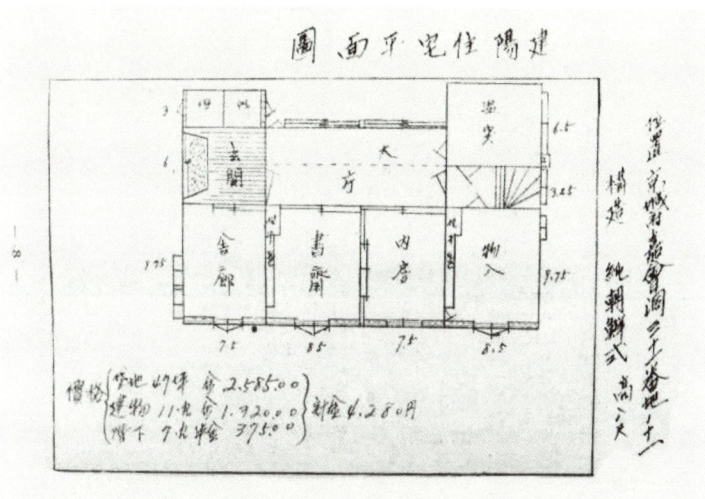

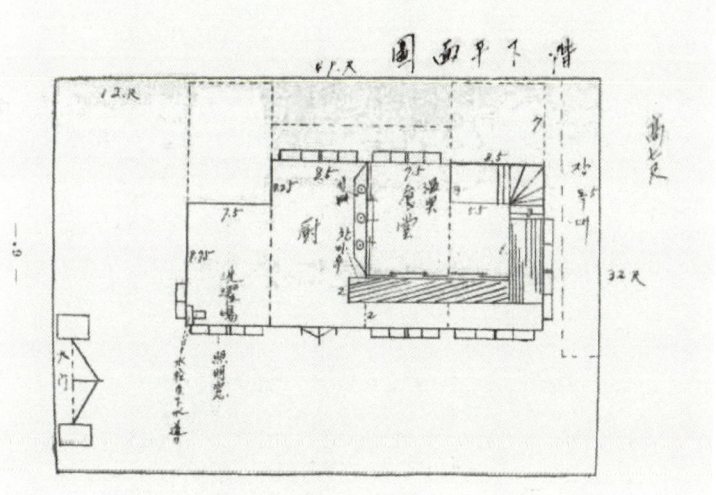

그림 10 가회동 31-11번지 건양주택 평면도

가회동의 일부 한옥이 중당식으로 건설되었다.

'건양주택'은 정세권의 건양사에서 기존 한옥의 문제점을 개선한 새로운 형태의 한옥 브랜드를 말한다. 1934년에 도안을 완성하고 이를 기반으로 다섯 채의 건양주택을 건설했다.

가회동 31-11번지 건양주택의 평면도를 보면, 1층과 계단 아래 지하층의 총 2개 층의 구조로 되어 있다. 경사진 곳에 지어져 계단 아래 지하층도 한쪽이 지상으로 노출되어 있었다. 1층에는 현관, 대청, 사랑방, 서재, 안방과 아래로 내려가는 계단이 설치되었다. 계단 아래층에는 세탁장과 부엌 그리고 온돌이 설치된 식당이 있다. 1층에 있던 거실이 6척(약 1.8m) 이상 위치해 건습乾濕을 조절할 수 있었다는 내용으로 보아 1층이 지면에서 최소 1.8m 이상 떨어져 있음을 알 수 있다.

정세권은 건양주택의 장점으로 위생적이고 실용적이고 경제적이라는 점을 들었다. 수도시설을 한옥 내부에 설치하고 부엌바닥에 타일을 깔거나 석탄 아궁이를 설치해 기존의 한옥이 가지고 있던 위생상의 문제를 해결하려 했다. 햇빛이 잘 드는 남쪽 면을 넓게 설계하고, 집 내부의 이동을 효율화하기 위해 방과 부엌 등의 공간을 위계를 고려해 집중적으로 배치했다. 그리고 식당, 세탁장, 하수구 등이 모두 물을 사용하는 주방에 인접해 사용이 편리했다.

경제적 측면에서도 수요자에게 적정한 가격대의 주택을 개발하고자 했다. 특히 건설 비용과 유지관리 비용을 적정한 수준으로 낮추고자 했다. 그는 건양주택의 장점으로, "17칸의 재래주택을 1,695원에 건설하게 되어 건축비를 낮추었으며, 습기의 해나 동해를 받을 곳이 없고 불확실한 곳이 없어 유지관리비를 요하지 않으며, 사용이 간편하고 노력을 요함이 적어 유지비가 적기에 생활비도 경제된다"라고 주장했다.

건양사 경성 개발의 빛나는 가치

일제강점기 정세권의 건양사는 일반인들에게도 널리 알려질 만큼 매우 큰 회사였는데 해방 전에 사세가 기울어 지금에 와서는 건양사의 매출, 이익 등 회계 및 기타 사업자료를 구하기가 쉽지 않다. 건양사의 활동은 신문 자료나 인터뷰 자료를 통해서 가늠할 뿐인데, 신문에 소개된 분양·임대 광고를 통해 대략의 사업지와 규모를 추정할 수 있다.

건양사는 『조선일보』와 『동아일보』에 광고를 게재했다. 특히 『조선일보』에 1929년 2월 7일부터 1930년 2월 16일까지 총 37회에 걸쳐서 집중적으로 광고를 내보냈다. 『동아일보』에는 1930년 두 차례와 1939년 한 차례 게재되었다. 다른 시기에 게재된 광고는 찾을 수 없다.

〈그림 11〉은 1929년 2월 7일 자 『조선일보』에 실린 건양사 최초의 분양 광고다. 이 광고는 매우 다양한 정보를 제공한다. 방매가放賣家는 한자 뜻 그대로 팔 집을 내놓는다는 것으로, 현재의 아파트 분양과 일맥상통한다. 광고의 맨 마지막에는 '광화문1319'라는 건양사 전화번호가 보이며, 건양사의 사업 분야(건축 청부 및 설계, 건축 재료 무역, 토지가옥 매매)가 구체적으로 소개되고 있다.

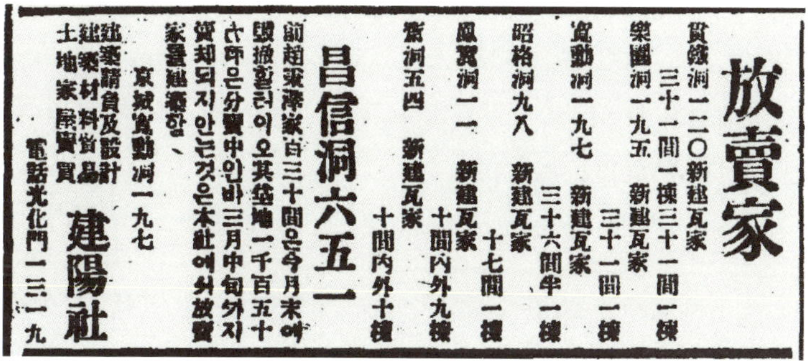

그림 11 건양사 최초의 분양광고(『조선일보』 1929. 2. 7)

이 광고에서는 6개 지역 소재 방매가를 소개하고 있다. 관철동 120번지 신축 31칸 주택 2동, 낙원동 195번지 신축 31칸 주택 1동, 관훈동 197번지 신축 36.5칸 주택 1동, 소격동 98번지 신축 17칸 주택 1동, 봉익동과 재동 소재 가옥에 대한 것이다. 이 중 봉익동과 재동 개발 규모가 상당하다. 봉익동 11번지는 10칸 내외 규모 주택 9채, 재동 54번 지는 10칸 내외 주택 9채를 분양하려고 한다. 그리고 창신동 651번지 토지 매각 예정에 관한 내용도 있다.

예전 조병택 집 130칸은 금월 말에 허물 터이오. 그 대지 1,157평은 분할 매각 중인 바, 3월 중순이 지나도 매각되지 않는 것은 본사에서 방매가를 건축함.

내용인즉 조병택(한일은행 창업주)이 소유했던 130칸의 대저택을 건양사가 매입한 상태인데, 1929년 2월 말에 저택을 허물고 전체 대지 1,157평을 분할 매각할 예정이라는 것이다. 즉 매입한 토지를 분할해 일반인들에게 판매한다는 것으로, 만약 3월 중순까지 토지가 매각되지 않는다면 건양사에서 한옥집단지구를 개발해 개별 한옥을 판매하겠다는 것이다.

〈그림 12〉는 『조선일보』 1929년 3월 24일자 광고다. 낙원동 195번지와 소격동 98번지 광고가 없는 것을 보면 두 지역의 한옥은 매각되었고, 봉익동 소재 한옥 역시 4채가 매각되었다. 하지만 관철동, 관훈동, 재동 한옥은 매각되지 않은 상태다. 그리고 창신동 651번지에 대해서는 다음과 같이 소개한다.

> 창신동 651 신건 와가 9칸 내지 12칸 37동
> 창신동 651 대지 분매 잔여 6백 평

매입한 창신동 651번지 토지(1157평) 중 550여 평 부지에 9칸 또는 12칸 크기의 한옥 37동을 건설했고, 나머지 부지인 6백여 평은

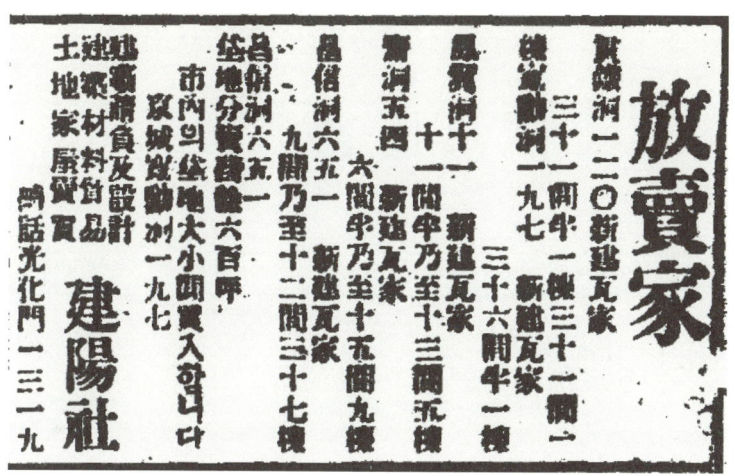

그림 12 건양사 분양광고(『조선일보』 1929. 3. 24)

토지를 매각하고자 한다는 것이다.

이 광고가 내포한 함의는 매우 대단하다. 1929년 2월 한 시점에 벌써 서울의 일곱 지역에서 건설을 진행하고 있는데, 그중 세 지역은 10채 내외 혹은 그 이상의 대규모 건축이었다. 봉익동 11번지와 재동 54번지 그리고 창신동 651번지는 근대적 디벨로퍼들의 대표적인 전략 '대규모 부지 매입 후 쪼개어 개발하기'가 그대로 녹아든 사업이다. 대규모 사본을 바탕으로 대저택을 매입해 부지 자체를 매각하거나, 건물을 지어 매각한 것이다.

개발의 속도가 매우 놀라운데, 더 자세한 연구가 필요하겠으나, 2월과 3월 광고를 문맥적으로 받아들인다면, 창신동 651번지 나대

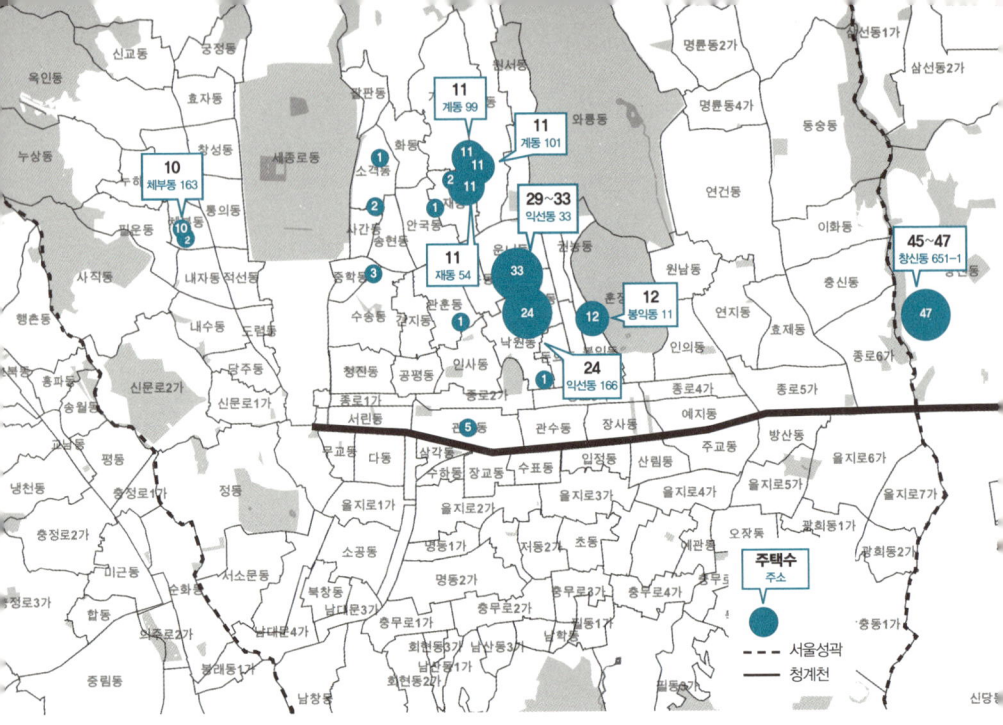

그림 13 1929년 건양사에서 개발한 지역과 해당 지역의 주택 수 추정치 ©김경민

지에 불과 한 달 사이 37채의 한옥을 건설한 것이다. 이는 대형 디벨로퍼로서 건양사의 회사 규모가 상당했음을 알려 준다.

   서울 내 곳곳에서 동시다발적으로 사업을 진행하고 관리하는 능력과 더불어 매우 짧은 기간에 상당한 양의 주택을 공급하는 능력은 매우 놀랍다. 큰 규모의 경제를 이루었기에 가능했던 것이고, 건양사의 경쟁력이었다.

   규모의 경제, 즉 대량생산이 가능한 사업구조의 이점은 비용절감 효과를 극대화시킬 수 있다는 것이다. 예를 들어, 두 명의 디벨로퍼가 각자 개발하는 한 채의 주택에 하나의 화장실 세면대를 매입해 시공한다고 가정하자. 집 한 채를 개발하는 디벨로퍼와 동시에 일곱 지역 60여 채의 가옥을 개발하는 디벨로퍼의 세면대 매입 가격은 다를 수밖에 없다. 대량으로 구입하면 가격 할인이 적용되거나 할인을 요구할 수 있기 때문이다. 이는 종국적으로 건설비용 인하 효과로 직결된다.

대저택 매입이 가능한 거대 자본력을 갖춘 대형 디벨로퍼, 건양사는 대량의 주택공급을 통해 대규모 경제를 창출하고, 이는 비용 절감을 통한 가격경쟁력 확보로 이어졌으며, 더 나아가 다른 디벨로퍼를 넘어서는 경쟁력으로 이어졌다.

1929년 신문에 실린 지역들을 정리하면 다음과 같다. 관철동, 낙원동, 관훈동, 소격동, 봉익동, 재동, 창신동, 사간동, 수송동, 체부동, 안국동, 익선동, 계동 일대다. 이 중에는 한두 채 지은 곳도 있으나, 10채부터 45채에 이르는 대단위 개발지들이 존재한다. 이를 종합적으로 판단하면, 1929년 한 해 동안 170여 채의 한옥을 건설한 것으로 추정된다.

하지만 이 수치는 신문 지상에 광고한 한옥들을 토대로 추정한 수치에 불과하다. 광고에 나오지 않은 주택을 포함한다면 건양사의 신규주택 건설수치는 이를 훨씬 넘어선다. 실제로 성세권 본인은 1929년 『경성편람』에서 "좀 더 경제적으로 위생적으로 본위를 삼아 매년 삼백여 호씩을 신축하여 방매해 왔습니다"라고 밝혔다.

1920년대에 매년 300채의 주택을 건설한다는 것은 대단한 규모다. 당시 매년 공급된 주택은 대략 1,700여* 채로, 건양사의 신규주택 건설 규모는 경성 전체의 18%에 해당한다. 하지만 1,700여 채라는 수치에는 일본인 주택이 포함되어 있다. 당시 조선인 주택의 멸실이 일본인에 비해 많았는데도 신규 건설 일본인 주택이 전체 신규 주택 건설에서 차지하는 비중의 반을 넘었다.** 따라서, 대략 1,700여 채 중의 반을 일본인 주택이라 가정하고 보수적으로 매년 850여 채의 조선인 주택이 제공된다고 할 때, 매년 300여 채를 건양사에서 건설한다는 것은 조선인 주택의 35%를 넘어서는 규모였다. 이런 대규모 개발을 하려면 당연히 수많은 일꾼이 필요하고, 이를 관리해야 했다.

> "부친께서는 매우 부지런하셨어요. 잠을 3시간밖에 안 주무셨어요. 명동 조지아백화점(구 미도파백화점, 현 롯데영플라자) 건너편 명동 입구에 '호라이아'라는 일본 빵집이 있었는데, 새벽 6시에 거기 가셔서 빵을 잔뜩 사 오셨어요. 우유와 빵을 자신 후, 건

---

* 『매일신보』, 「경성건물로 본 입체적 성장. 소화원년부터 5년 동안 신축가옥 7천7백 12동」(1931. 2. 21) 기사에 의하면, 1927년부터 1930년까지 매년 평균적으로 1,700여 채의 주택이 신규 건설된 것으로 나온다.
** 1922년 『동아일보』의 「시내가옥 신축왕성, 주택부족 완화호」(1922. 10. 25) 기사에는 1921년 전체 신축가옥 중 일본인 주택이 전체의 60%를 넘고, 1929년 『매일신보』의 「축년증가하는 경성의 인구, 40만 돌파도 미구未久, 작년 중 신축가옥 총 810호 일신월변의 대경성」(1929. 5. 28) 기사에는 1928년 하반기 신축가옥 중 일본인 주택 비중이 56%로 전체 50% 이상이다.

양사 본사 건물 앞에 모인 200여 명 일꾼에게 너는 종로 몇 번지에 가서 미장이를, 너는 어디 가서 뭐 하고 이런 식으로 일을 직접 시키셨어요."(정세권의 막내딸 정남식 인터뷰 2015. 10. 16)

건양사가 경성의 어느 지역에 한옥집단지구를 건설했는지를 명확하게 알려 주는 자료는 찾기 힘들다. 다만 유족의 증언과 주소지 정보 그리고 『조선일보』, 『동아일보』, 『실생활』 광고를 통해서 대략적으로 알 수 있다.

정세권 가족은 주택 품질을 검수하기 위해 한 지역에서 일정 기간 살다가 다른 개발지역으로 이사를 다녔기에, 가족들의 이주 경로를 통해 건양사 개발의 일부 족적을 추적할 수 있다. 정세권의 외손녀 김재원의 증언이다.

"어머님께서는 계동에서 출생하셔서 봉익동과 가회동에서 어린 시절을 보내셨고 1928년경 소학교(교동 소학교) 들어가실 때도 가회동에 사셨다고 하십니다. 당시 가회동은 아직 동네가 형성되지 않았던 곳으로 허름한 오래된 한옥이었던 것으로 기억하고 계십니다. 이후 소학교 새학 시절에 익선동과 나원동(3층집)에 잠시 사시다가 1934년 이후 이화여고에 다니실 즈음 다시 가회동 양옥으로 이사하셨다고 합니다. 이화여고에 다니는 동안 다시 서대문(적십자 병원 부근)에 사셨고, 다시 가회동으로 이사하였다가 서대문(죽첨동: 옛 인창학교 부근)에 사시는 동안 이화여전(1938년경)에 입학하셨다고 합니다. 이화여전에 다니시는 동안 다시 가회동으로 이사하셨다가 결혼 당시(1949년)에는 왕십리로 나가 계셨다고 합니다. 아마도 전쟁 말기에 가운이 많이 기울어졌겠지요."(정세권의 외손녀 김재원 이메일 인터뷰 2015. 9. 10)

위 증언에는 빠져 있지만, 정세권은 한일은행 창업주이자 대부호인 조병택의 대저택을 매입해, 해당 부지에 1929년부터 한옥집단지구를 건설했고, 가족들이 함께 창신동에 잠시 거주하기도 했다. 또한 혜화동과 성북동 일대에도 대량의 한옥집단지구를 건설했으며, 아들 내외가 그 지역에 거주한 기록이 전한다.

신문, 잡지에 나왔던 분양 광고와 건양사 회사 주소지 그리고 가족의 증언과 등본상 주소를 역추적해 종합적으로 건양사의 개발지역을 지도화하면 〈그림 14〉와 같다.

1920년대와 1930년대 건양사의 황금기 시절, 정세권의 개발지역은 청계천 이북 대부분과 경성 외곽 지역(오늘날로 보면 교외 지역)에 걸쳐 넓게 분포한다. 물론 해당 지역 전체를 개발한 것은 아니다. 그럼에도 경성의 대부분 지역을 커버하고 있다. 더군다나 광고와 가족의 등본상 주소에 나오지 않은 개발지역이 있다고 추정할 수 있으므로 정세권의 개발 규모는 더 클 것이다.

건양사 경성 개발의 규모와 방식이 함의하는 도시개발·계획사적

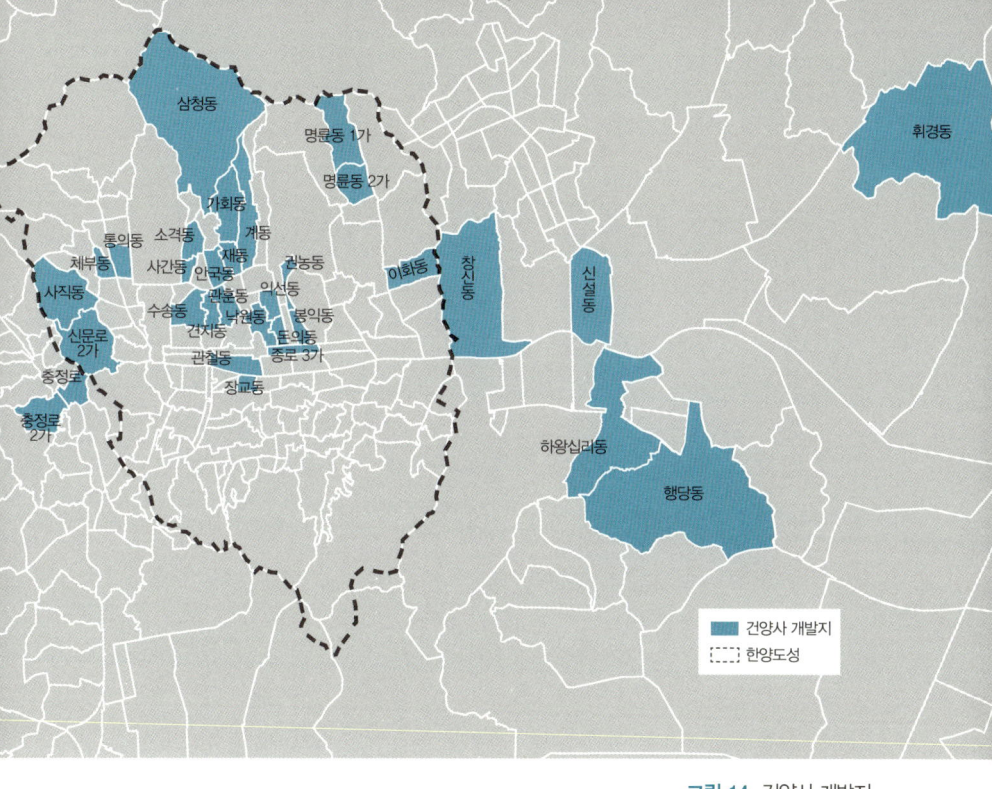

그림 14 건양사 개발지

의미는 필자의 견해로는 상당하다. 건양사의 사업 유형과 개발 방식은 미국 교외주택단지의 선구자인 레빗사 Levitt & Sons, Inc에 필적한다.

제2차 세계대전 이후 미국은 본격적인 교외화로 접어든다. 고속도로 건설, 저렴한 모기지 이자 등의 이유로 중심 도시에 모여 살던 백인들이 교외 지역으로 이주한 것이다. 교외 지역으로 이주하는 주택 수요가 폭증하자 대규모 디벨로퍼들이 등장한다. 가장 대표적인 곳은 '레빗타운'이라 불리는 거대한 교외지역 주택단지를 개발한 레

빚사다. 레빗사를 실질적으로 이끌었던 윌리엄 레빗William Levitt은 제2차 세계대전 참전용사로, 군인들을 위한 주택의 대량건설 시스템을 경험했고 이를 실제 거대 주택단지 개발에 적용했다.

즉 규격화된 디자인과 건설 부품 사용하고 일부 공장에서 제작된 건설 자재의 이용하여 잘 짜인 공정과 분업체계의 적용 등을 주택건설에 적용한 것인데, 이는 포디즘적 생산양식을 부동산 개발에 적용한 첫 사례로 볼 수 있다. 그리고 이를 통해 매우 짧은 기간에 주택을 대량으로 건설했다. 예를 들어 롱아일랜드 소재 레빗타운에 개발된 주택 수는 무려 1만 7,000여 채로 당시 가장 큰 주택단지 개발이었다.

앞서 설명한 창신동 651번지의 경우 건양사가 거부 조병택의 대저택을 매입해 개발한 지역으로, 레빗타운과 스케일은 다르나 작은 규모에서 비슷한 모양새의 주택을 대량으로 건설한 흔적은 매우 비슷하다.

그 규모가 다르기는 하지만 경성의 인구가 폭증하던 1920~1930년대 우리나라에도 포디즘의 대량생산에 비견되는 역할을 한 디벨로퍼, 건양사가 존재했다는 것은 그 자체만으로도 기념비적인 일이다.

한옥집단지구를 건설할 때 표준화와 규격화를 시도한 점은 높이 평가되어야 한다. 대량생산을 하고 비용 절감을 통해 이익을 극대화하기 위해서는 제품의 표준화와 규격화가 필수요소다. 표준화와 규격화의 예를 정세권의 가회동 개발에서 볼 수 있다. 가회동 31번지

그림 15 펜실베이니아주 레빗타운

그림 16 1968년 창신동 한옥집단지구 모습. 비슷한 기와 모양, 비슷한 크기의 한옥들이 집단적으로 건설된 모습은 표준화·규격화를 통해 대량생산이 시도되었을 가능성을 보여준다.

에서 같은 해에 개발된 한옥들은 대지 면적과 배치가 동일하다. 예를 들어, 가회동 31-34, 31-46, 31, 47번지는 대지 면적이 125.6제곱미터이고, 33-6번지와 33-7번지는 142.1 제곱미터로 면적과 배치가 동일하다. 토지 면적까지 동일한 주택의 경우 내부의 재료 역시 동일한 것을 사용했을 가능성이 크다. 이러한 표준화와 규격화를 통해 얻을 수 있는 장점은 건설 비용 절감으로 더욱 싼 가격의 주택을 시장에 공급할 수 있다는 점이다. 주머니 사정이 좋지 않았던 조선 사람들에게 건양사의 주택은 그야말로 구세주였다.

일제의 뉴타운 개발에 맞선
왕십리 토지 전쟁

    정세권의 경성 개발은 크게 세 시기로 구분된다. 1920년대의 개발은 공간적으로 사대문 내부, 특히 청계천 이북(북촌)에 집중된다. 1930년대에는 사대문 외곽 지역(창신동, 서대문, 성북동 등)을 개발했는데, 경성 외곽 개발은 일종의 교외 지역 뉴타운·신도시 개발로 해석할 수 있다.

    그리고 동시에 정세권은 사대문 안의 빈 토지를 찾아 개발했다. 마지막 단계인 1940년대 이후의 개발은 왕십리와 행당동 지역에 집중된다.

    정세권의 경성 개발이 도시계획사 측면에서 중요한 이유는 일제의 개발정책에 대한 정세권의 대처방법·전략에 있다. 일제는 일본인의 경성 이주를 원활히 하기 위해 두 가지 전략을 세웠다. 첫 번째 전략은 청계천 남쪽에 있는 일본인 거주지를 확장해 조선인 공간인 청계천 이북 북촌에 일본인 거주지를 만드는 것이었다. 이를 위해서 일종의 도시미화운동을 벌이면서 시가지를 예쁘게 다듬는 작업을 했다.

두 번째 전략은 이미 형성되어 있는 주거지대를 밀어버리고 새로운 주거지를 재개발하는 것이 아니라 농지와 같은 공간에 새로운 도시를 건설하는 뉴타운·신도시 개발전략이었다. 첫 번째 전략이 1920년대부터 지속적으로 시도되었다면 두 번째 전략은 여러 논의 과정을 거쳐 1930년대 이후 진행되기 시작했다.

1920년대 정세권의 도시계획·개발에 대한 인식은 일본인의 청계천 이북, 북촌 진출을 막는 것이었다. "사람 수가 힘이다. 일본인의 북진을 막아야 한다"는 그의 인식은 한옥집단지구 형태로 투영되어, 북촌 등지에서 볼 수 있는, 작은 한옥들이 처마를 이어가며 어우러진 형태의 대형 개발로 나타났다. 그 덕분에 많은 조선인이 북촌에 거주할 수 있었고, 그나마 조선인의 북촌을 지켜낼 수 있었다.

일본인 인구가 지속적으로 증가하면서 1930년대부터 뉴타운·신도시 개발전략이 본격적으로 시도된다. 일제의 신도시 개발전략은 서구의 도시계획 이론 중 에버니저 하워드Ebenezer Howard의 전원도시Garden City 이론을 바탕으로 세워졌다. 대표적인 예가 1937년의 대경성 중심의 100년 계획이다. 경성의 인구 성장을 억제하기 위해 수원, 인천, 김포, 개성, 의정부, 춘천, 이천, 김량장 등 경성 주변의 8개

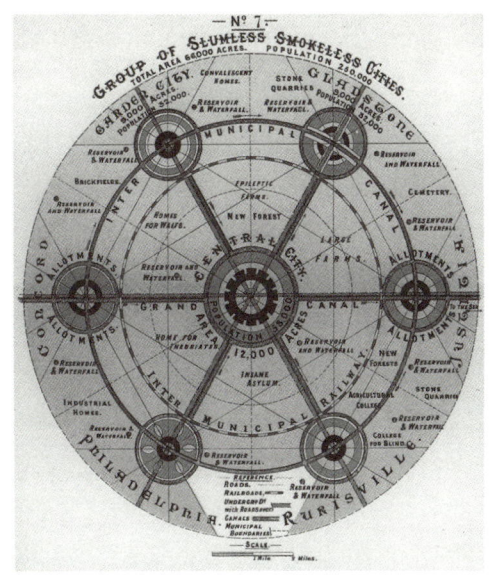

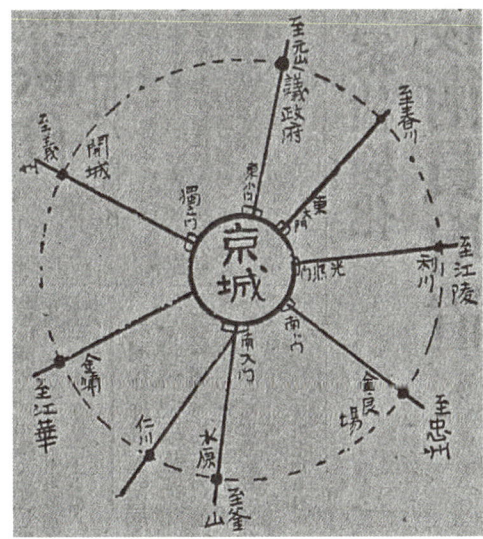

그림 17 에버니저 하워드의 전원도시 개념도(위) / 대경성 중심의 위성도시 계획(아래)

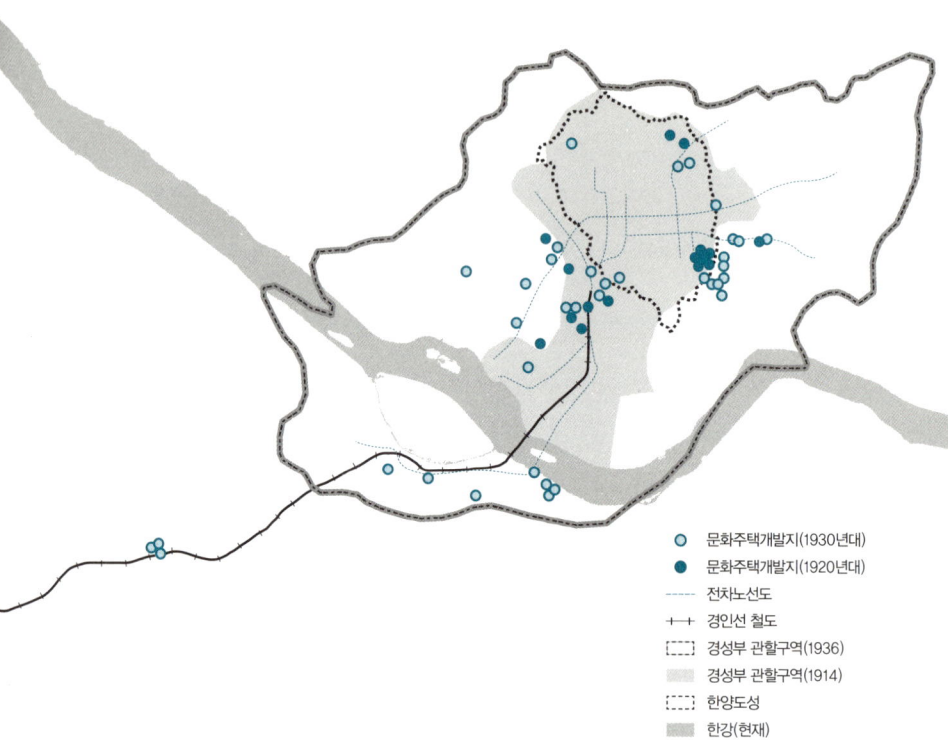

그림 18 1930년대 경성 지역 문화주택단지 건설(1939)

도시를 전원도시(신도시)로 개발한다는 계획이었다. 경성과 이 도시들을 경성의 남대문과 동대문, 광희문을 포함한 6개 문에서부터 방사형 도로로 연결하고, 환상형 도로가 각 도시를 이어 8개 도시를 서로 연결하는 것이었다.

비록 계획 차원의 비전이었으나, 작은 스케일에서는 이를 차용한 개발이 이미 진행되고 있었다. 일제는 서양식 주택을 집단적으로 개발한 문화주택단지를 이미 이곳저곳에 개발하고 있었다. 이 문화주택단지들은 그들의 기반인 남대문 일대에서 용산을 거쳐 영등포와 흑석동으로 나가는 축 선상에 많이 위치했다. 그리고 다른 한 곳이 눈에 띄는데, 바로 광희문 외곽 왕십리 지역이다.

정세권의 입장에서 경성의 개발판세를 복기해보자. 종로 이북 북촌은 정세권을 위시한 많은 조선 디벨로퍼들이 활동하면서 한옥들을 촘촘히 세운 형국이었다. 그리고 남대문은 이미 일본인들에 선점되어 있고, 일제는 남대문을 지나 후암동을 거쳐 용산 그리고 현재 중앙대학교 인근의 흑석동까지의 축을 개발하기로 구상했고 실제로 개발이 대단위로 이루어졌다. 제아무리 조선인 갑부여도 이 지역 부동산 개발에 뛰어드는 것은 무리였다. 북쪽은 지형적 조건이 맞지 않았고, 그의 관심권에 포착된 지역은 서대문과 동대문, 혜화문(성북동 일대), 그리고 광희문 외곽 왕십리 일대였다. 정세권은 이 지역 일대를 실제로 개발했는데, 동대문 일대는 귀족층과 빈민층이 혼재한 지역이었고, 성북동과 서대문 지역은 조선인과 다른 민족들이 혼재한 지역이었다. 그런데 광희문 외곽 왕십리 일대 개발은 성격과 의미가 남다르다. 정세권과 일제(동양척식주식회사)가 정면으로 부딪친 곳이기 때문이다.

정세권은 3남 5녀를 두었는데, 이들 모두 경성제대와 이화여선을 다닐 정도로 수재들이었다. 그중에서도 둘째 아들이 매우 특출난 것으로 보인다. 정세권의 둘째 아들이 1930년대 초에 경성제대 농과대학에 합격했는데, 정세권은 매우 기뻐하며 아들의 미래를 위해 농장을 개발할 요량으로 뚝섬 일대 3만 5,000평 부지를 매입했다.

"당시 경성제국대학 농과대학은 정말로 들어가기 힘들었어요. 조선에 변변한 산업이 없으니까, 농업이 중요했죠. 그래서 농과대학에는 주로 일본인들을 뽑지 한국인들을 뽑지 않았어요. 둘째 오빠는 제일고보(경기고등학교)에서 전체 1, 2등을 하는 수재였어요. 너무 뛰어나서 조선인이지만 안 뽑을 수 없었던 것 같아요. 아버지는 무척 기뻐하셨고, 오빠의 미래를 위해 농장 자리로 뚝섬 일대를 많이 사셨죠."(막내딸 정남식 인터뷰 2015. 10. 16)

그리고 그는 뚝섬으로부터 현재의 왕십리 방향으로 토지가 나오면 매입하기 시작한다. 이 당시 정세권은 조선물산장려운동과 조선어학회를 지원하면서 일제의 요주의 인물 리스트에 오른 상태였다. 가족들은 그런 그의 행동을 매우 불안해하며 지켜봤다.

"우리 아버님이 갑자기 땅을 사기 시작하셨어요. 건축을 하면서, 당시 잠화정(뚝섬) 부근을 사는 거예요. 그러면서 우리 보고 산보를 가라고 해서, 거기까지 걸어가기도 했었죠. 그 언덕에 있는 땅을 전부 다 사기 시작하면서 농사를 지었어요. 당시 어떤 일이 있었냐면, 동척(동양척식주식회사)에서 시내에서 왕십리까지 그리고 뚝섬 방향으로 땅을 사기 시작한 거예요. 그러니까 우리 아버님하고 경쟁이 붙었죠. 왜냐하면 우리 아버님은 일본놈을 못 들어오게 하려고 막은 거고. 일본은 우리 아버님이 점령을 하니까 그걸 막으려고 또 들어오고."(둘째 딸 고 정정식 인터뷰 2013. 9. 1)

『조선일보』1933년 10월 6일자 기사는 뚝섬 인근 지역 토지를 동양척식주식회사에서 상당량 보유하고 있다는, 그리고 동척 땅 소작농은 빚을 지고 쫓겨난다는 내용이다.

> 왕십리와는 다르나 교통상 연결이 되어 있는 뚝섬으로 나가보자. 여기는 동대문에서 동뚝섬까지 가는 기동차가 있어 교통이 편해졌다. 뚝섬을 건너서면 채소밭이 전면에 널리어 있는 것이 주목을 끈다. 섬이라 토질도 채소 재배에 좋으려니와 경성 근교로서는 채소 재배가 다른 농사보다는 유리할 것이다. (······)
> (과거 뚝섬이 물류의 중심지로 잘 나갔으나, 현재는 초라하다는 설명과 함께) 재산이 있는 사람은 뚝섬을 떠나고 지금은 소작인만 남은 빈촌이 되었다.
> (······) 토지 소유관계를 보면, 면내의 전답 면적 중 동양척식회사 땅이 질반이나 되고 그 외에도 다른 지역 거주 지주의 땅이 많아 이곳 주민들은 소작농을 한다. 그런데 동척 땅을 소작하게 되면 소작계약은 (······) 조건이 박하기 짝이 없어 빚에 쫓기는 살림을 하는 사람이 많다.(『조선일보』, 「대경성 후보지 선보기 순례(7), 신작로

이외에는 보잘것없는 왕십리」, 1933. 10. 6.)

정세권과 동양척식주식회사의 '왕십리 토지 전쟁'은 중요한 의미가 있다. 당시 사람들은 왕십리 지역의 가치를 크게 평가하지 않았다. 경성 근교에 있는 빈민들이 몰려 사는 동네라는 인식에서 벗어나지 않았던 것이다.

> 신당리 쪽은 말도 못 할 만큼 초라한 오막살이 촌락이 널려 있는데, 몇 걸음 더 나아가 왕십리 쪽으로 나가면 역시 신당리와 대동소이한 초가집뿐이다. (……) 왕십리가 일천사백 호, 상왕십리가 일천일백오십 호나 된다고는 하나, 아주 작은 집들이 많이 모여 있을 뿐이다. (……) 길만 신수 좋게 뚫려 있을 뿐이고 부근에는 시내에서 밀려 나오는 소시민의 집이나 늘어갈 뿐이다.(『조선일보』, 「대경성 후보지 선보기 순례(7), 신작로 이외에는 보잘것없는 왕십리」, 1933. 10. 6)

그러나 왕십리에 대한 정세권의 견해는 일반인과 달랐다. 정세권은 1930년대 왕십리 일대 대량의 토지를 매입해 일부(하왕십리 일대)를 개발하고 일부(주로 현재의 행당동 일대)는 해방 이후에 개발했다. 1940년 이후에는 태평양전쟁의 양상이 심각하게 돌아가면서 주택 개발이 거의 중단되었다. 게다가 정세권은 일제의 압박으로 개발을 할 수 없는 상황이었다.

1930년대 정세권의 왕십리 토지 매입은 일반인들이 보기에는 별 볼 일 없는 토지를 매입하는 것처럼 보였지만, 오히려 그의 혜안을 보여주는 것이었다. 1920년대 이후 신문 지상에 경성 개발에 대한 일제의 논의가 종종 발표되고 있었다. 정세권은 그 기사들을 보고 일제의 대경성 개발계획에 대한 큰 그림을 이해한 것이다.

일제의 경성 도시계획에 영향을 준 에버니저 하워드 이론의 핵심은 전원도시와 사회도시다. 전원도시는 교외 지역의 뉴타운·신도시로 이해할 수 있고, 사회도시는 여러 뉴타운·신도시가 연합한 일종의 대도시권으로 볼 수 있다. 이때 여러 뉴타운은 철도나 고속도로 등으로 연결되는 형태를 갖춘다.

당시 일제는 뉴타운 개발 계획에 의거해 남대문 외곽 후암동 일대에 거대한 문화주택단지를 개발했고, 왕십리 일대와 보문동 일대에도 새로운 뉴타운 개발 계획을 가지고 있었다.

이 지역들은 하워드의 도시계획 이론상의 전원도시에 해당했고, 일제는 사회도시 전략 차원에서 이 지역들을 교통망으로 연결하는 계획을 수립 집행했다. 대표적인 예가 후암동·용산 지역과 왕십리 인근을 연결하는 도로망인 남산주회도로의 건설이었다. 남산주회도로 개발계획에 대한 논의는 1920년대 초반부터 있었으나 실제 건설은 1936년에 시작하여 1939년에 완공되었다. 남산주회도로는 현재의 삼각지역에서 약수역(신당동)에 이르는 지하철 6호선 구간과 정확히 일치한다.

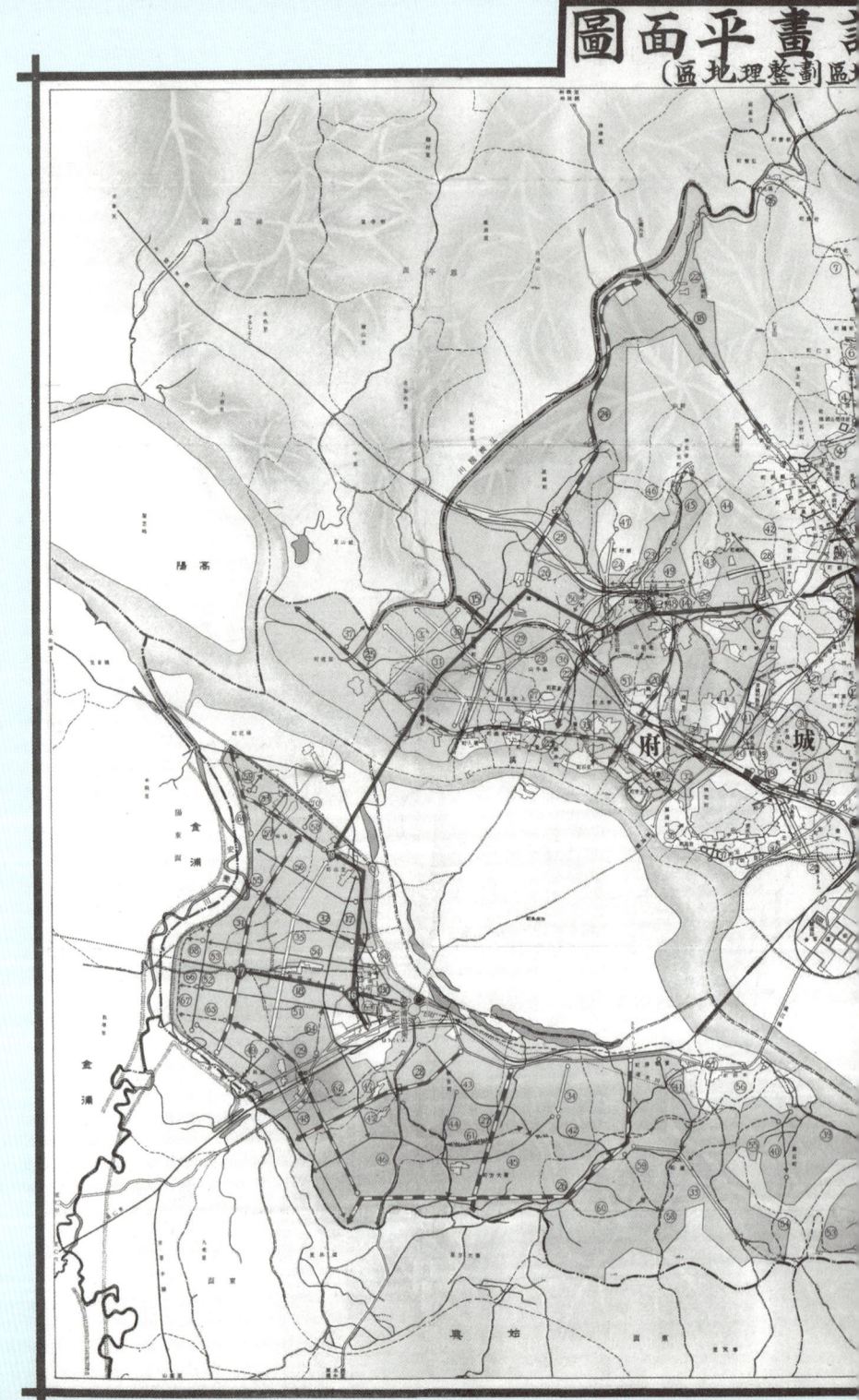

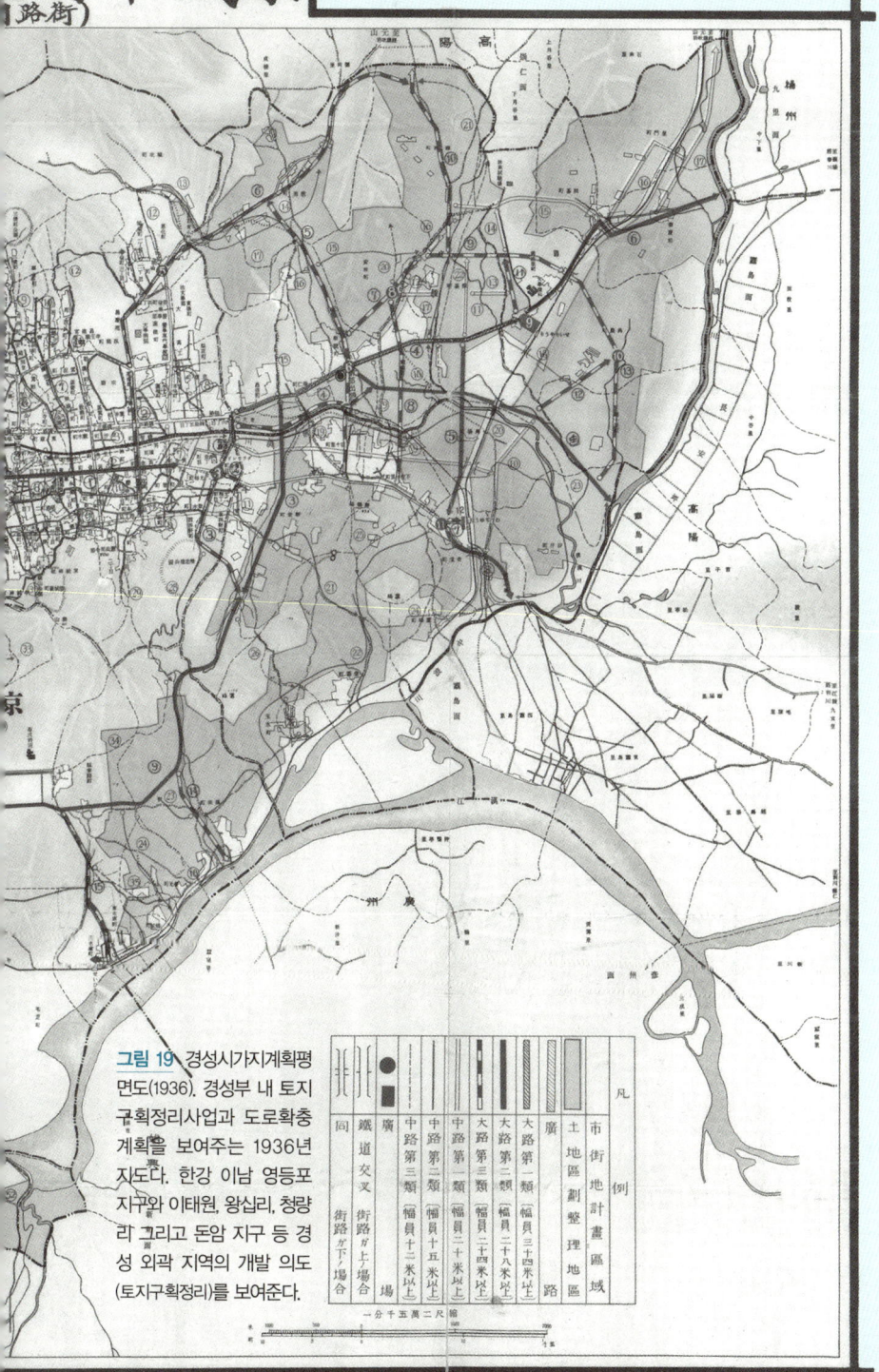

그림 19 경성시가지계획평면도(1936). 경성부 내 토지구획정리사업과 도로확충 계획을 보여주는 1936년 지도다. 한강 이남 영등포 지구와 이태원, 왕십리, 청량리 그리고 돈암 지구 등 경성 외곽 지역의 개발 의도(토지구획정리)를 보여준다.

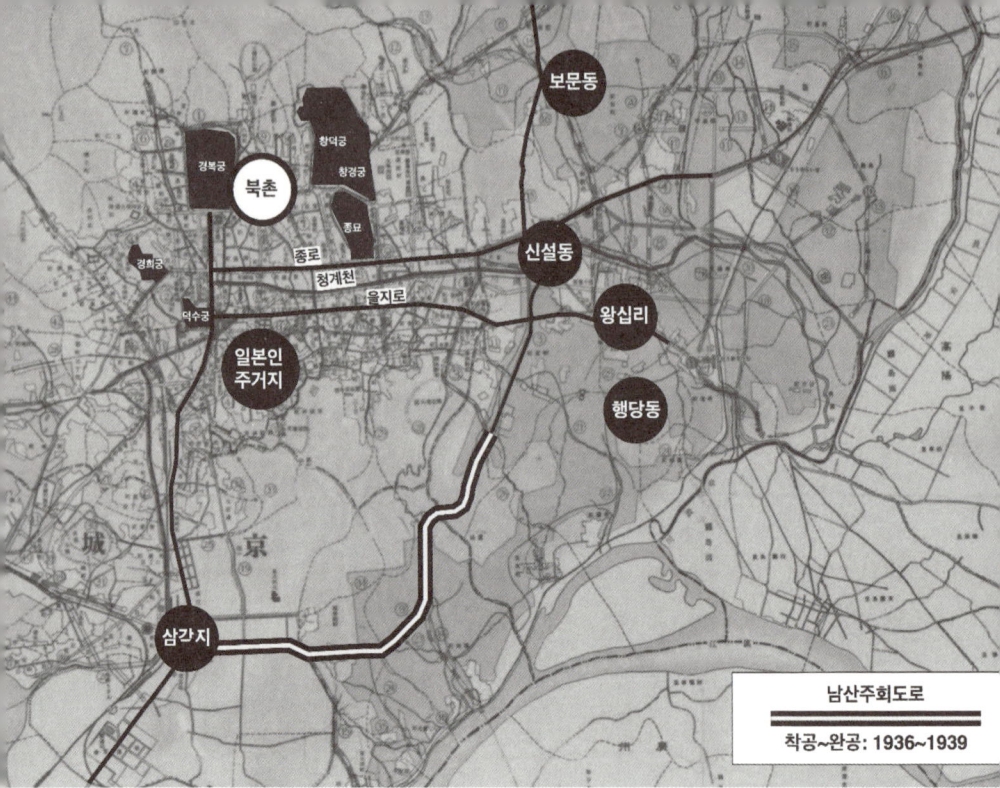

그림 20 남산주회도로계획도(1937)

    그런데 이 도로는 기존의 도로 – 현재의 약수역에서 신설동과 보문동에 이르는 길 – 과 연결되며, 이미 을지로는 왕십리까지 연결되어 있었다. 따라서 남산 주회도로 개발은 일본인들의 주요 기점인 용산으로부터 이태원과 신당동, 왕십리, 신설동, 보문동 일대를 연결하는 거대한 동부 축 건설을 의미하는 것이었다. 이러한 교통망의 존재는 교통망 위의 허브 지역에 일본인들의 진출을 용이하게 했고, 종국에는 기존 조선인들을 해당 지역에서 몰아내는 효과를 가져왔다.

1938년 11월 29일 『조선일보』는 「세궁민은 쫓겨나고 문화주택만 격증. 남산주회도로 부근」 기사에서 "지난 8일부터 금 10일까지의 신축가옥을 조사해보면, 이태원에 17호를 비롯하여 삼각지와 신당동에 4개월간 132호가 건설되었다. 대개가 이층 문화주택과 상점건물로 그중 조선사람의 집은 이태원동에 불과 16호에 지나지 않으며 나머지는 전부가 내지인(일본인)의 소유"이고 기존의 (조선인) 빈민층들이 쫓겨나 경성 외곽으로 이주하고 있다고 보도했다.

제2차 세계대전의 파고 속에 남산주회도로 선상에 대규모 일본인 주거단지를 건설한다는 일제의 계획은 제대로 구현되지 못했다. 만약 일제가 동양척식주식회사의 막강한 자금력을 앞세워 왕십리 일대 토지를 대량 매입하고 왕십리와 보문동 일대의 일본인 주거단지 개발을 마무리했다면, 조선인들은 사대문 안 북촌 지역에 몰려 사는 형국이 되어 공간적으로 일본인 주거지가 조선인 주거지를 포위하는 양상이 될 수 있었다. 또 빈곤한 조선인들은 경성에서 더 먼 지역으로 쫓겨나고 있는 상황에서 볼 수 있듯이, 조선인 주거단지의 분절을 가져올 수 있었다. 그렇기에 정세권과 동양척식주식회사의 '왕십리 토지 전쟁'은 도시계획·개발사적 의미가 상낭하나.

제 3부

조선어학회를 후원하는 것은 목숨을 건 독립운동이었다.

우리 집, 우리글을 지켜낸
민족운동가 정세권을 기억하라

신흥 민족 자본가와 민족 언론인의 연대

1920년대 정세권은 급속히 부를 축적하며 대자본가로 성장하면서도 민족운동에 적극적으로 참여했다. 그가 참여한 민족운동 관련 조직 가운데 공식 기록으로 확인되는 것은 조선물산장려회를 비롯해 양사원, 신간회, 조선어학회 등이 있다. 다음은 국가보훈처의 공식 기록이다.

> (정세권은) 1923년 1월 조만식·안재홍 등을 중심으로 조선물산장려회가 발기되자 이에 적극 참가하여 서울 지회를 설립했디. 1930년 4월 조선물산장려회 서울 지회의 경리부 상무이사로 선출되고, 1930년 5월에는 중앙회의 경리부 상무이사로 선출되었으며, 1934년 중앙회 이사로 선출되어 회관 건립·강연회 등 적극

적인 활동을 전개했다.

 1927년 2월 자치론을 비판하고 절대독립을 추구하는 민족주의 독립운동과 사회주의 독립운동의 민족협동전선으로 신간회가 창립되자 이에 적극 찬동하여 서울 지회에서 활약했다. 1930년 11월 신간회 서울 지회의 대회준비위원회에 김응집·홍기문 등과 함께 재정부원으로 활동했다. 조선어학회가 조선어사전 편찬사업을 하면서 독립된 사무실이 없어 고난에 처하자, 1935년에 서울 화동에 있는 2층 건물과 부속 대지를 조선어학회 사무소용으로 기증하여 조선어학회의 국어운동과 사전편찬사업을 적극 지원했다. 정부에서는 그의 공훈을 인정하여 1968년에 대통령표창을 추서하였다. 1990년에 건국훈장 애족장을 추서받았다.(독립유공자공훈록편찬위원회 편, 『독립유공자 공훈록』 6권, 국가보훈처, 1988, 667~668쪽)

 정세권이 맡은 직책은 대부분 경리와 재무이사로 조직의 활동을 재정적으로 지원하는 것이었다. 서슬 퍼런 일제강점기에 거대기업을 운영하는 자본가, 그것도 정부 인허가가 반드시 필요한 부동산 사업가가 대놓고 여러 조직의 재무를 담당하면서 재정을 지원한 것은 위험천만한 일이었다. 그렇기에 그의 역할은 더욱 빛난다. 또 이러한 공식 기록 이외에도 그가 만주의 독립운동가 가족을 지원했다는 가족들의 증언이 있다.

> "아버님은 또 만주동포구제회를 손수 설립하였다. 만주 땅에서 일본군과 싸우다가 같은 동포 흉탄에 쓰러지신 김좌진 장군 유가족이 오셨다. 현지처이신 미망인(라혜국 여사)과 명한, 철한이 남매와 그들의 이모 라 선생이 함께 왔다."(정몽화,『구름따라 바람따라』, 학사원, 1998, 45쪽)

다음은 우리나라 최초의 법학교수이자 서울대 법대 제2대 학장을 지낸 최태영 교수의 회고다.

> 1922년 조만식이 1차로 시작했던 물산장려운동이 일제 탄압으로 잦아든 뒤, 1929년 이를 재개하려는 움직임이 있었다. 경상도 사람 정세권이 내게 와서 이를 다시 일으켜 세워보자고 했다. (정세권의 주장은) 여러 사람이 뜻을 같이했는데, 일제가 주목하니 위험한 노릇이어서 법을 아는 내가 나서서 법망을 비켜가며 친일을 피하고 징역 안 갈 만큼이라도 하자는 것이었다.(최태영, 「광산이야기와 제2차 물산장려운동」,『대한민국학술원통신』144호, 대한민국학술원, 2005. 7, 4~9쪽)

이 글로 보아 1924년 일본 메이지 대학에서 법학사 과정을 마치고 조선에 들어와 1925년 한국인 최초로 법학교수가 된 최태영에게 정세권이 조선물산장려운동 재개에 협력을 부탁한 것을 알 수 있다.

그리고 최태영은 1929년 정세권과 함께 물산장려회 상무이사로 활동을 시작한다.

정세권과 함께한 근현대사의 굵직한 인물 가운데, 특히 각별한 관계를 유지한 인물은 민세 안재홍과 고루 이극로다. 이들은 납북과 월북으로 그 업적이 상대적으로 가려진 형편이나, 안재홍은 1920년대 민족 언론의 사표師表였으며 이극로는 조선어학회의 실질적 기둥이었다.

특히 안재홍은 정세권과 모든 민족주의 활동을 함께한 평생의 동지였다. 그들은 조선물산장려회, 양사원, 신간회, 조선어학회 등의 조직에서 함께 활동했으며, 그 밖에도 만주 지역 동포를 돕기 위한 만주조난동포문제협의회 활동과 일본 유학생들의 민족운동 조직 재건 활동도 함께했다.

안재홍은 아호 민세民世의 의미가 '민중의 세상'일 만큼 민족주의적 색채가 강했다. 또 언론인으로, 정치인으로, 역사가로 큰 족적을 남겼다. 그는 1924년부터 1932년까지 조선일보사 주필과 사장을 맡으면서 기록적인 수의 글을 발표했는데, 사설 980여 편과 시평 470편 등 1,450여 편에 이른다.

조선일보 활동을 개시하기 전 독립운동에 가담한 대가로 이미 3년간 옥고를 치른 그는 조선일보 재직 시 감옥을 제집 드나들듯 했다. 일본의 비인도적 처우를 비판한 사설과, 일본의 중국 침략을 비판한 사설, 신간회 총무간사로 광주학생운동 진상 보고 민중대회 준비 발각 등으로 1928년 수차례 투옥되었다.

1920년대 조선일보는 경영 사정이 좋지 않아 사주가 자주 바뀌었다. 1924년 독립운동가 신석우가 경영권을 확보하면서 월남 이상재가 조선일보 4대 사장에 취임하고, 이상재의 사망으로 1927년 5대 사장에 신석우, 그리고 1931년 6대 사장에 안재홍이 취임한다. 안재홍은 조선일보의 경영이 어려워지자 고향의 논밭을 팔아 신문사의 빚을 갚고 직원들의 밀린 봉급을 지불하기도 했다.

건양사가 1929년과 1930년 『조선일보』에 광고를 집중적으로 게재한 것은 당시 조선일보의 경영을 도와주려는 의도로 추측된다. 건양사는 『조선일보』에 총 37회에 걸쳐서 광고를 냈는데, 『동아일보』에는 두 차례에 그쳤다. 이상재(신간회 초대회장 역임), 안재홍과 함께 조선물산장려회, 신간회 활동을 한 동지로서의 인연이 크게 작용한 듯하다.

안재홍은 사장으로 취임한 지 1년도 안 된 1932년, 일제의 강압으로 경영권을 내놓게 된다. 그럼에도 그의 독립운동은 계속되었다. 1936년 임시정부와 연락을 취했다는 죄목으로 2년, 그리고 1942년 조선어학회 사건으로 1년간 옥고를 치렀다.

조선어학회 사건은 기농 정세권과 민세 안재홍, 고루 이극로에게 심한 고초를 안겼다. 특히, 감옥에서 안재홍과 이극로가 겪은 고초는 극심했다. 일제는 안재홍에게 이극로를 직접 문초하라고 지시하면서 이극로가 대답하지 않으면 뺨을 때리라고 강요했다. 안재홍은 이를 단연코 거절했고, 그 결과 모진 고문을 당했다.

조선물산장려회와 신간회, 조선어학회 등 여러 민족운동에 정세권과 안재홍이 함께 참여한 것은 1920년대 새롭게 성장한 신흥 자본가와 언론인이 합작해 주동한 활동이라는 점에서 주목할 만하다. 정세권은 자신의 재력을 바탕으로 민족운동조직의 재무에 상당한 기여를 했고, 안재홍은 자신의 미디어 역량을 활용해 민족운동의 취지를 설파했다. 따라서 이들의 관계는 민족 자본가와 민족 언론인 간의 협력을 통한 민족운동이라는 측면에서 기념비적인 것이었다.

〈그림 1〉 조선어학회 사진은 정세권과 안재홍의 친분을 보여주기라도 하듯, 둘은 사진 속 맨 앞줄에 나란히 앉아 있다.

그림 1 조선어학회 사건으로 곤욕을 치른 생존자들의 모임인 십일회 사진(1946년, 앞줄 왼쪽 두 번째가 정세권, 세 번째가 안재홍이다.) ⓒ한글학회

해방 이후 안재홍은 우파 정치인으로 미군정청 초대 민정장관과 제2대 대한민국 국회의원을 역임했다. 한국전쟁 이전 그의 행적을 본다면, 조선일보 사장 안재홍은 민족 언론의 사표요, 해방공간에서 대한민국 건국에 전력을 다한 정치인이었다.

하지만 한국전쟁은 그의 일생을 바꿔놓았다. 미처 피난을 가지 못한 그는 서울에서 북측에 납북되고 전쟁 와중에 오해를 부를 수 있는 발언을 했다.

> 1948년 미국인의 모략에 의하여 리승만 괴뢰정권이 성립된 때도 미국인들에게는 버림을 받고 리승만 도당에게는 감시와 박해를 받으며 얼마 동안을 지내왔다.(『민주조선』 1950. 7. 17(민세안재홍선생기념사업회, 『안재홍의 항일과 건국사상』, 백산서당, 2010, 157쪽에서 재인용)

이 발언만 놓고 보면 그를 공산주의자로 생각할 수도 있지만, 살아온 궤적을 볼 때 그는 기본적으로 우파 정치인이었다. 이승만과 정치적 견해를 달리했을 수 있고, 당시 북한군 감시하에서 본인 의도와 다른 발언을 했을 가능성도 있다.

그는 북한에서 독립유공자로 대우받고 1955년부터 북한에서 정치 활동을 하면서 평화통일추진협의회 최고위원을 역임하고 1965년 별세했다.

민세 안재홍은 혁혁한 독립운동 이력에도 불구하고 한국전쟁 때

납북되어 북한에서 활동한 연유인지 시기적으로 매우 늦은 1989년이 되어서야 건국공로훈장이 수여되었다.

조선물산장려운동의 황금기를 열다

1920년대 초반, 조선의 상공업은 불황과 일제의 일본 기업 위주 산업 정책으로 심각한 위기 상황이었다. 그리고 이러한 상황은 1920년대 후반에도 크게 변하지 않았다.

다음은 1920년대 조선의 암울한 경제 상황에 대한 최태영의 회고다.

> 1929년부터 1932년까지 YMCA 강당에서 내리 3년을 (물산장려운동사업이 일환으로) 강연을 했다. 일제가 일본 상품만을 한국인들한테 강매하면서 한국인에게는 조그마한 제조업도 금하던 때였고 공업학교도 절대 허가하지 않던 상황이었다. 우리는 그때 일본 상품에 세금을 매길 수 없었기에 조선물산을 장려해야 했

> 다. 그래서 될 수 있는 한 우리나라 것을 만들어 먹자, 우리가 만든 물건만 사자, 우리 상품을 애용하자, 옷도 일본인이 만든 양복을 입을 수밖에 없다면, (하다못해) 우리가 만든 옷감이라도 쓰자고 할 만큼 연설 내용은 절실한 것이었다. 하다못해 가공이라도 우리가 한 것을 쓰자는 것이었다.(최태영, 「광산이야기와 제2차 물산장려운동」, 『대한민국학술원통신』 144호, 대한민국학술원, 2005)

당시 조선의 상공업은 극도로 위축되어 있었다. 조선산 완제품을 사용할 수 없다면 원자재라도 조선산 물건을 사서 쓰고, 심지어는 가공이라도 조선에서 한 것을 사용하자고 호소할 정도로 조선의 공업은 피폐한 상황이었다. 이러한 절박한 시대적 상황에서 조선물산장려운동이 시작되었다.

물산장려운동은 1920년 조만식의 지도로 평양에서 시작되었고 1923년 1월 조선물산장려회가 정식으로 설립되었다. 그러나 전국에서 들불같이 일었던 이 운동은 불과 반년 뒤인 1923년 여름을 기점으로 세력이 약화되더니, 1924년 4월 30일 개최된 제2회 정기총회를 분기로 완전한 침체기에 접어들었다.

당시 조선물산장려회에 참여했던 한국일보 논설위원 유광렬의 기록이다.

> 1923년 창립한 때에는 전국적으로 성세가 높았던 이 운동은

그 후 대체로 침체한 상태였다. 한때는 학생이 (조선산) 수목 교복을 입은 때도 있었고, 기생들마저도 수목을 입는 이가 있었으나 이것은 소수요, 대다수의 열정은 식어가는 듯 보였다.(유광렬, 「민족운동사측면사: '조선물산장려운동의 전모' 조선물산장려회 이사 정세권」, 『인물계』 1권 2호, 인물계사, 1964)

조선물산장려회가 급격하게 세가 위축된 것에 대해, 신용하 서울대 명예교수는 일제의 훼방과 공산주의 계열의 반대를 이유로 들었다.

> 조선 민족의 국산품장려운동이 불길처럼 일어나자 일본 경찰은 제지하고 나섰다. 그리고 집단활동을 탄압하였다. (……) 그러나 일제의 탄압이 격심해지면서 아울러 이 운동에 대한 마르크스주의 청년들의 비판과 공격이 격심해졌다. 프롤레타리아 혁명운동을 약화시키는 것이라고 공격하고 나섰다. 그러나 물산장려운동에 참여한 사회주의자 나모 씨는 과격파의 교조성을 비판하고 민족자본의 육성 없이는 경제적 민주독립과 노동계급의 건전한 성장은 불가능한 것이라고 반박하며 고군분투했다.
> 그러나 과격파들은 유산계급에게만 귀속되는 깃이라고 집중 공격을 계속하여 광범위한 소비자 대중 국민을 이 운동에서 이탈시켰다. 일제 탄압과 마르크스 과격파의 양면협공을 받게 되자 의욕을 상실하여 더 이상 적극적인 운동으로 발전하지 못했다.

1924년부터는 무기력한 체념에 빠져 겨우 간판만을 지키고 있다.(신용하,「국내에서의 투쟁」, 한국일보사 편,『(재발굴) 한국독립운동사 3』, 한국일보사, 1989)

조선물산장려회는 크게 네 시기로 구분된다. 민족주의자와 사회주의자가 함께 활동하던 초기(1923~1924년), 민족주의 계열 명망가가 주도하면서 일부 상공업자들이 가세하는 움직임이 있던 중기(1925~1929년), 그리고 상공업자들이 사업을 적극적으로 주도한 부흥기(1929~1932년), 마지막으로 상공업자들이 조직에서 이탈하자 시작된 쇠퇴기(1933~1937년)다.

아주 짧았던 초창기를 거쳐 중기인 1924년 이후, 조선물산장려회는 과연 제대로 된 조직인가를 의심할 정도로 침체되었다. 1924년 4월의 제2회 정기총회 이후 실무와 재정을 담당하는 이사회는 거의 열리지 못하고, 극도의 재정난 속에 사무실 임대료를 내지 못해 이곳저곳으로 전전하는 형편이었다. 또한 간간이 기관지를 만들어 배포하고자 했으나 원고난과 검열난, 인쇄난이 겹치면서 이마저도 힘든 상황에 봉착했다.

조선물산장려회의 침체 상황을 보여주는 다른 예는 조선물산진열관 건설 과정에서도 나타난다. 조선물산장려회는 조선물산을 진열할 수 있는 조선물산진열관 건설을 추진했다. 1928년 8월 조선물산진열관을 주식회사 형태로 만들고, 창립비 1,000원을 마련하자고 결의했음에도 불구하고 시도조차 이루어지지 못했다.

조직 운영을 위한 이사회가 열린다고 한들, 사무실 임대료도 내지 못하는 조직이 과연 제대로 된 활동을 할 수 있었을까? 이 정도로 재정 형편이 열악한 조직이 전국적 차원의 운동을 펼친다는 것이 가당키나 한가?

우리가 역사 교과서에서 배운 조선물산장려회는 전국적으로 활동하는 대단한 조직이었다. 재정적 기반이 탄탄하지 못했다면 절대 성장하지 못했을 것이다. 그렇다면 1929년 이전에는 사무실 임대료도 내지 못해 패망 일보 직전이었던 조선물산장려회는 어떻게 자리매김할 수 있었을까?

사무실 임대료도 내지 못하는 쓰러져 가는 조직에 임대료를 지원하는 정도가 아니라 아예 본인의 재력으로 조선물산장려회관을 건립하고 1층에 상품 판매소, 2층에 상품 진열소를 갖추게 한 이가 정세권이다.

사업가가 기부할 때 가장 눈여겨보는 것 중 하나는 기부를 받는 조직의 안정성이다. 어느 정도 안정된 조직이어야 기부금이 제대로 사용되는지 확인할 수 있기 때문이다. 따라서 지리멸렬한 형편의 조선물산상려회에 대한 정세권의 재정 지원은 상식 밖의 일이었다. 더군다나 그는 한옥집단지구를 개발하는 디벨로퍼이지 조선물산장려회가 양성하고자 하는 상공인 계층도 아니었다. 또, 앞선 이야기에서 추론할 수 있듯이 당시 조선의 상공업은 아주 작은 규모에 불과

한 형편이었다. 자본을 축적한 기업이 일부 있었다 한들, 이들의 수는 많지 않았고 조선계 상공업의 대다수는 그야말로 소상인이요 소공인이었다.

따라서 정세권과 같은 대형 디벨로퍼에게 조선 상공업이라는 영역은 본인 사업에 전혀 보탬이 되지도 않을뿐더러 상관도 없는 영역이었고, 그가 돌보고자 하는 조선물산장려회는 일부 명망가들 위주로 돌아가는 간판뿐인 조직이었다.

정세권의 참여는 일제 식민 치하 경제에 대한 위기의식에서 시작되었다. 일제가 '시장식민 정책'을 통해 조선의 모든 것을 빼앗아 가고, 조선인 회사들을 강도 높게 감시하고 있었다.

1929년 당시에 대한 정세권의 회고다.

> 1929년 일본은 우리 배달민족을 자국의 대화大和 민족에 동화하려고 식민식민植民植民, 기지식민基地植民, 문화식민, 원료식민, 시장市場식민, 모두 다섯 종류의 식민정책을 강행하던 시기이다. 이러한 정책을 강행하는 시기이므로 경찰에서는 형사진을 두어서 회사마다 모임을 담당하는 형사가 있었다. (유광렬, 「민족운동사 측면사 : '조선물산장려운동의 전모' 조선물산장려회 이사 정세권」, 『인물계』 1권 2호, 인물계사, 1964)

정세권과 함께 합류한 상공업자 그룹은 조선물산장려회를 새롭게 변모시킨다. 명망가 위주의 조직에 새로이 상공업자들이 수혈된 것은 조직 재활성화의 모멘텀이었다. 1925년부터 물산장려회 이사로 활동해온 민세 안재홍(당시 조선일보 주필)은 당시 물산장려회의 문제점을 잘 알고 있었고, 상공업자들이 주도하는 실용적 노선의 가미에서 새로운 돌파구를 찾았다.

> 물산장려운동이 초기에는 식자층에 의하여 관념적인 운동으로 그 초기 과정을 지내 왔었다. (현재는) 언젠가는 이루어져야 했을 조선인 상공업자들과 결합이 이루어져 그 일단의 진전을 보려 하고 있다. 이는 필연이요, 또 당연한 일이다. (안재홍, 「물산장려회의 일진전-그 회관 건축의 실현을 보고」, 『장산』 2권 2호, 1932)

조선물산장려회는 정세권의 참여로 이전의 재정 문제를 해소하기 시작하며 도약의 틀을 갖추기 시작했다.

> 그러던 조선물산장려회가 1927년부터 다시 활성화되기 시작하였다. 그 요인의 하나로 이사진이 개편되면서 새로 상무이사로 참여한 건축가 정세권이 적극적 재정 지원을 시작했기 때문이다. 정세권은 조선어학회에도 회관을 지어 기증한 인물로서 조선물산장려회에도 회관을 신축하여 기증했으며, 새 기관지의 조선물산장려회보의 발행비용도 모두 부담하였다. (신용하, 「국내에서의 투쟁」,

| 한국일보사 편, 『(재발굴) 한국독립운동사 3』, 한국일보사, 1989)

    정세권은 1929년 조선물산장려회 이사로 취임하면서 재정 문제를 단번에 해소해주었다. 1929년부터 3년간 조선물산장려회 경상비와 기관지 발행비용 등 재정의 상당 부분을 짊어졌고, 1930년부터는 전임상무로 조선물산장려회의 사업 전반을 총괄하기 시작했다.

    1922년에 설립되어 기세를 올리던 조선물산장려운동이 불과 1년 만에 대침체기에 빠진 상황에서, 1920년대 후반 정세권의 지원과 참여는 조선물산장려운동 황금기의 도래를 의미했다.

◆ ◆ ◆
"백난중분투하는 정세권 씨에게 감사하라"

1928년 1월 19일자 『동아일보』에 「조산물산장려운동 경성지회 설립」이라는 작은 기사가 실렸다. 지난 1월 16일 오후 경운동 천도교기념관에서 경성지회를 설립하면서 새로이 15명의 이사를 선임했다는 내용이었다.

비록 작은 기사로 소개되었으나, 그날의 모임은 조선물산장려운동 황금기의 도래를 알리는 시발점이었다. 정세권을 비롯한 산업계 인사들이 새로 이사진에 선임되면서 오랜 기간 침체기에 빠졌던 조선물산장려운동은 새로운 국면을 맞이한다.

1922~1923년 조선물산장려회는 조선물산을 애용하자는 가두행진과 선전활동을 활발히 펼치며 짧은 기간 활성화 시기를 가졌다. 하지만 이후 침체 기간에는 회관 임대료를 걱정할 만큼 상황이 악

화되었고, 물산장려회에 참여한 명망가들은 어떻게 하면 쓰러져 가는 조직을 재건할 수 있을지를 고민해야 했다. 그러던 중 1928년을 기점으로 정세권을 위시한 상공업자 그룹이 조선물산장려회에 참여하면서 실질적인 사업들이 시작되었다.

1928년 경성지회 이사로 조선물산장려회와 인연을 맺은 정세권은 1929년에 본부 상무이사로 더 큰 역할을 담당하기 시작했고, 1930년부터는 막대한 재정을 지원함과 동시에 전임상무직을 맡으면서 사업 전반에 절대적인 영향력을 행사했다.

'조선물산 애용'이라는 표어의 의미만 생각하면, 조선물산장려회 활동은 소비운동에 한정된 것으로 읽힐 수 있다. 실제로 초기에는 조선물산 애용에 집착하면서 생산에는 관심을 갖지 않았다. 하지만 조선물산을 애용하기 위해서는 조선물산의 생산과 판매가 뒷받침되어야 했다. 그런 점에서 상공업자 그룹의 참여는 필연적이었고 일대 전환점이 되었다. 이를 통해 조선물산장려운동은 단순히 조선물산의 소비를 촉진하는 차원에서 벗어나, 조선물산 생산 독려와 판매 활성화로 대폭 확대될 수 있었다.

조선물산장려회가 특히 사활을 걸었던 역점 사업은 조선물산을 전시하고 판매하는 공간의 확보였다. 당시 조선상공업은 소상인과 소공인들이 대다수를 차지했기 때문에, 이들의 물품을 일반 대중에게 알릴 수 있는 판매 채널(상품 진열 및 판매소)의 확보가 절실했다. 아무리 좋은 물건을 만들어놓은들 소비자들이 그 물건의 존재를

그림 2 낙원동 300번지 위치 추정 ©김경민

모른다면, 즉 판로가 확보되지 않는다면 시장에서 외면당할 수밖에 없다. 따라서 사람들의 접근성이 좋은 경성 요지에 조선물산진열관이나 조선물산장려회관이 들어서는 것이 지상 과제였다. 그리고 이 일을 정세권이 해낸다.

1930년 5월 16일, 물산장려회는 제8회 정기대회에서 물산장려회관의 건축과 진열관 설치를 결정한다. 그리고 1931년 9월 종로구 낙원동 300번지에 물산장려회관이 준공되고 조선 물산진열관이 개설되었다.

조선물산장려운동이 되살아나면서 회관 건립이 추진되자, 조선의 언론과 산업계는 큰 기대를 걸었다. 1931년 6월 15일에 열린 정초식에는 조선일보 사장 안재홍을 비롯 동아일보 대표 함상훈, 중앙상공협회 대표 양재창 등 유력 인사가 참여해 비상한 관심을 표명했다.

그러나 회관 건축 과정에는 수많은 난관이 있었다. 조선물산장려회 내부에서조차 의견이 통일되지 않았고, 심지어 회관 건립이 불필요하다는 주장도 있었다. 더 큰 문제는 건립 비용을 어떻게 조달하느냐는 것이었다. 회관 건립 비용에는 부지비 5,000원과 건축공사비 1만 5,000원, 총 2만 원이 필요했다.

기부금을 모집해 회관을 건립하자는 의견이 있었고 다수가 동의했지만, 어찌 된 영문인지 기부금은 모이지 않았다. '지리멸렬한 시절을 보내고 새롭게 거창한 사업을 진행하려고 하니 기부금을 십시일반 모읍시다'라는 주장이 현실화되지 않은 것이다. 결국 회관 건축비 전액을 정세권이 부담했다.

당시 상황에 대한 정세권의 증언이다.

> 제 제안으로 회관건축비 지불방법을 동정금(기부금)으로 하자는 결의가 있었고, (기부금으로 회관을 설립하는 데) 반대하는 의견도 없었다. 그러나 책임간사는 이를 확정 발표하지 않고 차일피일 연기하다가 회관 건축비는 일전도 건축자(건양사)에게 지불되지 않았다. (건양사가 모든 건축비를 부담했기에) 건물은 건축자 건물이 되고

그림 3 『장산』 2권 2호 표지 장산사, 1931. 2 ⓒ한국언론재단

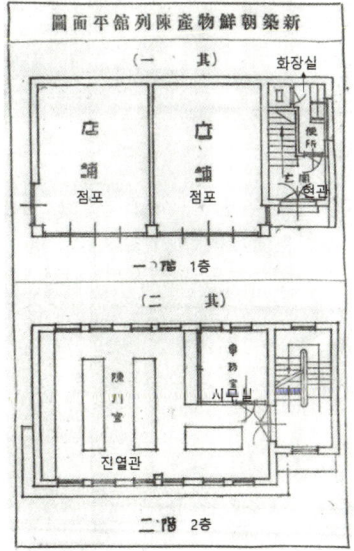

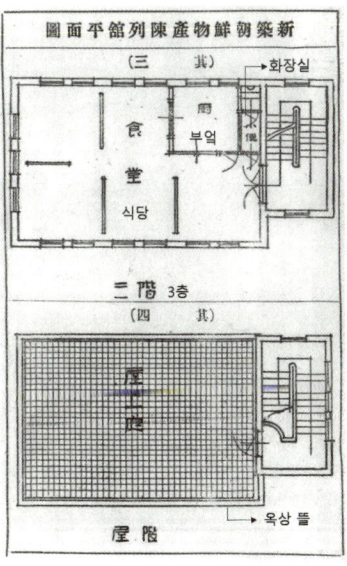

그림 4 신축조선물산진열관 평면도: 『장산』 2권 2호 장산사, 1931 ⓒ연세대학술정보원

만 것이다.(정세권,「조선물산장려회에 대한 나의 감상」,『실생활』 3권 7호, 1932)

증언의 요지는 회관 건설비를 기부금으로 하자고 의견을 모았으나, 조직에서 의견을 확정하지 않았다는 것이다. 이미 건양사에서 건물을 짓고 있는데 건축비가 들어오지 않으니, 결국은 건설업체(건양사) 소유가 되었다는 것이다.

현재 상황으로 설명하면, 자본이 부족한 건축주가 건설회사에게 우선 건물 시공을 시작하면 중간에 중도금을 주겠다고 구두 약속을 한 것인데, 건축주가 중도금 지급을 차일피일 미루고 지불하지 않아 건물이 건설회사 소유가 된 것이다. 중도금 지불이 안 되는 상황에서 건물 시공을 진행하는 것은 21세기에도 매우 힘든 일이다. 중도에 공사를 중지하는 경우가 상당수다.

그럼에도 정세권은 자비로 회관 건설을 마무리한다.

> 다수의 동지가 집합하여 기공식을 가진 회관을 실물운동이라(폄하)하여 (회관 건립 공사를) 중지한다면, 이는 위축된 기백입니다. 제 힘이 닿는 곳까지 하여 회관 건축을 완성하였고, 순조선 물산을 수입하여 1, 2, 3층에 진열하고 옥상에는 기와 간판을 세워 (물산장려회) 깃발을 높이 걸었습니다.(유광렬,「민족운동사측면사 : '조선물산장려운동의 전모' 조선물산장려회 이사 정세권」,『인물계』 1권 2호, 인물계사, 1964)

조선물산장려회 기관지 『장산』의 표지에 나온 건물은 낙원동 300번지에 신축된 조선물산장려회관으로 추정된다.

조선물산장려회관 건립은 조선물산장려회 조직 차원에서 매우 중요하게 다룬 사업이었음에도 아무도 건물 설립자금을 내지 않았고, 기부금도 모이지 않았다. 이를 알기에 만해 한용운은 "백난중분투百難中奮鬪하는 정세권 씨에게 감사하라"는 글로 정세권의 공을 치하했다.

> 조선인의 자급자족을 고취시키는 물산장려회에 대하여 나는 호감을 가집니다. (물산장려회의) 정신(또는 방향)에 대한 사회주의자들의 비난이 없는 것은 아닙니다. 다만, 다른 사람에게 의존적인 사람 혹은 심적으로 쇠약한 조선사람들이 자기 힘으로 살아가고자 하는 정신을 갖는 것은 매우 중요합니다. 이번에 그 어려운 중에서 회관을 건설하고 (물산장려회의) 경리를 맡은 정세권 씨가 백난 중에서 회관을 완성하고자 고군분투한다는 것은 참으로 고마운 일입니다. 장래 더욱 발전되기를 믿으며, 집 짓는 것도 고마운 일이나 그것보다도 장래에 이용을 더욱 뜻깊게 하기를 바랍니다. (한용운, 「백난중분투하는 정세권 씨에게 감사하라」, 『장산』 2권 2호, 1931)

정세권의 전폭적인 지원으로 설립된 조선물산장려회관은 다양한 용도로 사용된다. 특히 전시관에서 개최된 조선물산 진열행사(염매

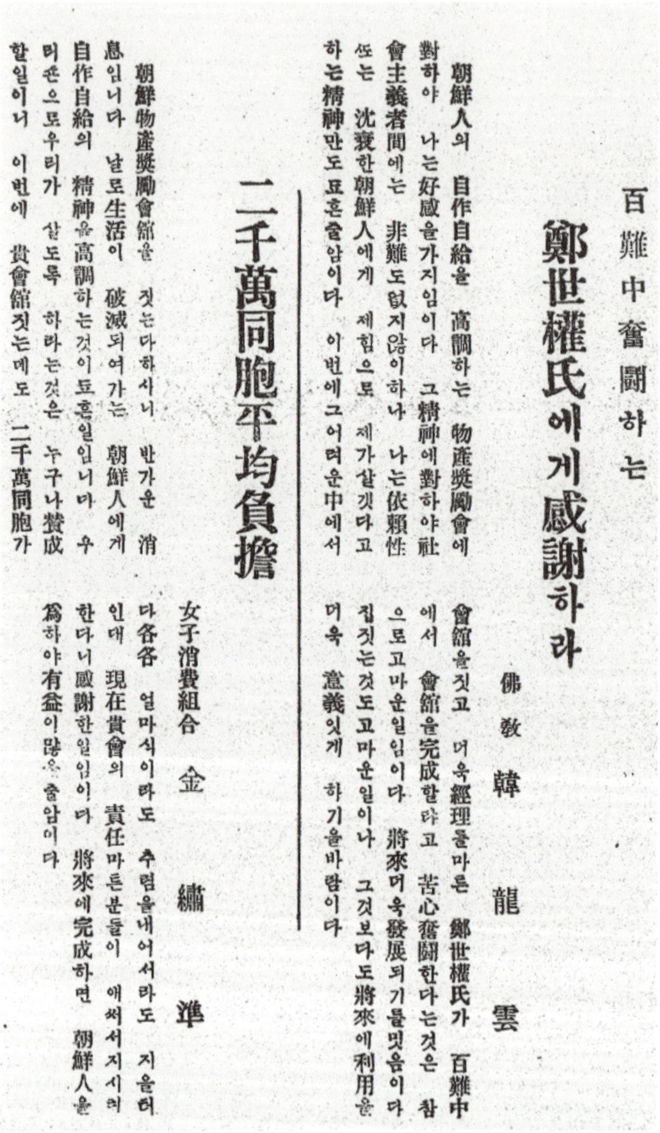

그림 5 "백난중분투하는 정세권 씨에게 감사하라"(『장산』 2권 2호) ⓒ연세대학술정보원

시)는 대중의 폭발적인 호응을 얻었다. 물산장려회의 주장처럼 조선물산장려회관은 '조선 산업전産業戰의 진영陣營'이 되었다.

당시 염매시 성황을 알리는 『동아일보』 기사다.

> 조선물산장려회 주최로 우리 물산 애용을 장려하기 위하여 금월 4일부터 열린 조선물산 염매시는 개시한 이래 2주일 동안 예상 이상의 성황으로 한산한 북촌상가에 큰 충동을 주었다 함은 이미 보도하였거니와, 동 염매시의 계획은 일주일마다 새로운 물산을 출품하길 하였는데 미곡, 직물, 고무신, 비누, 화장품 등 일상 수요품은 수요자가 날로 증가함으로 부득이 계속 출품키로 되었는바, (……) 물품추인에 대한 일체 책임은 염매시 간사 정세권 씨가 지기로 되었다.(『동아일보』, 「조선물산장려회의 염매시 성황, 수요자가 날로 격증」 1931. 11. 20)

다음은 조선의 소상공인들에게 왜 염매시가 중요한지를 알려 주는 또 다른 기사다.

> 염매시는 일반 백화점과는 그 성질이 달라서 순전히 조선물산만을 취급하는 관계로 조금이나 뜻이 있는 고객은 반드시 찾아오는 까닭에 출품자로서는 그 선전의 목적을 달할 수 있다. 지방으로부터 출품하는 우리 물산 생산업자도 점차 증가 중인데 동

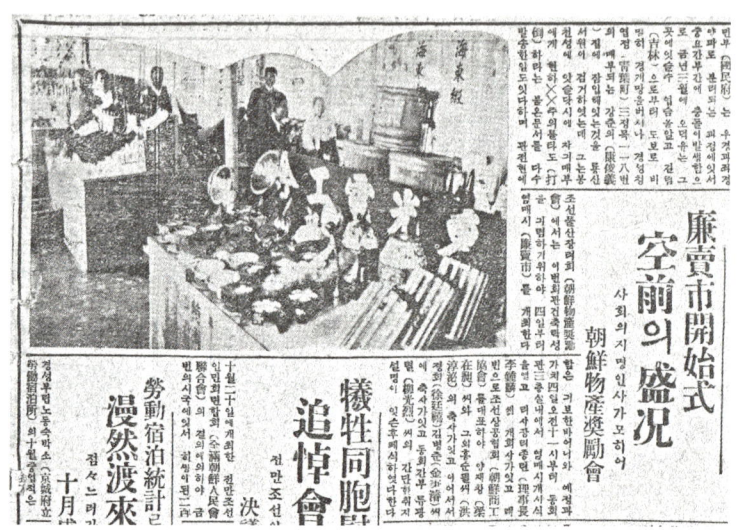

그림 6 '염매시 개시식 공전의 성황'(『매일신보』 1931. 11. 5) ⓒ한국언론재단

> 염매시 간사 정세권 씨는 동 염매시 발전책에 대하여 더욱 노력 중으로 지방에 있는 우리 물산 생산업자 중에 아직 출품치 못한 사람은 속히 동 염매시 사무소로 신입하기를 바란다고 한다.(『동아일보』,「물산장려회 제4회 염매시, 각지에서 출품답지」1931. 11. 29)

위의 두 기사에서 충분히 알 수 있듯이, 조선물산장려회관은 물산장려운동 선전 및 판매 활동의 기폭제 역할을 하는 허브였다. 다양한 상공업자들이 상품을 진열할 수 있는 장소로서 역할을 했고, 이를 정세권의 건양사가 도맡았다. 그는 전국을 돌아다니면서 회관

에서 팔 수 있는 물건을 모았고, 진열관에서 전시하고 판매했다. 즉 생산과 판매를 연결하는 네트워크를 정세권이 구축한 것이다. 당연히 정세권의 건양사는 전사 차원에서 조선물산장려운동에 뛰어들었다.

> 정세권은 김용기, 문용규와 함께 건양사를 설립하였다. (……) 정세권은 1920년대 건양사가 큰 이윤을 올리며 주주 90여 명, 자본금 20만 원의 기업으로 성장하자 이를 배경으로 물산장려운동에 본격 가담하였고, (건양사의 공동 설립자) 김용기가 신간회 회계 재정부장을 지낼 때 신간회 경성지회 재정부원으로 동참하였다. 건양사 경영진 모두 물산장려회 지원에 적극적이어서 김용기는 물산장려회 명예회원 및 고문으로 추대되었다. (방기중, 『근대 한국의 민족주의 경제사상』, 연세대학교 출판부, 2010)

정세권은 조선물산장려운동을 더욱 활성화하기 위해, 건양사와는 별개의 회사인 '장산사'를 설립해 조선물산장려운동을 전담시켰다.

조선물산장려회 기관지의 하나인 『장산』은 장산사의 이름에서 유래했다. 정세권이 설립한 '장산사'와 조선물산장려회 기관지인 『장산』이 동일한 명칭이라는 점은 정세권이 조선물산장려회에서 중추적 역할을 했음을 알려 주는 또 하나의 지표다. 장산사는 생산업자가 진열관에 출품하지 않은 상품 가운데 좋은 물건을 선별해 위탁 판매를 하거나 구입 판매를 하면서 품목을 다양화했다.

　조선물산장려회관은 기부금으로 건립하려 했으나 기부금이 모이지 않아 정세권이 사비로 완공하고 건물은 그의 소유가 되었다. 또 건양사는 전사적인 차원에서 조선물산장려운동에 나섰다. 조선물산장려회 전무이사로, 그리고 건양사 사주로 정세권은 두 조직을 본인의 건물인 조선물산장려회관에 입주시킨다. 거대기업의 수장으로서, 또 본인이 후원하는 기관의 실질적 운영자로서 한 건물에 여러 조직을 집중시키는 것은 조직 운영과 관리 면에서 당연한 결정이었다.

회사를 희생하면서까지
조선물산장려운동을 지원했는데도

1929년 조선물산장려회 활동이 재점화할 조짐을 보이자 일제의 방해와 탄압이 시작되었다.

최태영의 조선물산장려운동 강연에 대한 회고다.

> (조선물산장려회) 강연하는 날이면 종로경찰서에서 조선인 사상범을 감찰하는 일본인 미와 형사가 연단에 버티고 연사의 뒤통수를 노려보면서 칼자루를 잡았다 놨다, 연신 일어섰다 앉았다 하면서 연설내용을 감시했다.
>
> 등 뒤로 그런 움직임이 일어난 것 같으면, 과격한 말을 얼른 돌리곤 (순화시키서 표현하곤) 하였다. (최태영, 「광산이야기와 제2차 물산장려운동」, 『대한민국학술원통신』 144호, 대한민국학술원, 2005, 8쪽)

정세권 역시 일제의 강압을 다음과 같이 기억하고 있다.

> (낙원동 300번지에 조선물산장려회 본점이 있는 관계로) 관할 종로 경찰서에서 본인을 호출하여 말하기를 "네가 조선물산을 장려함은 실상 조선독립 운동이 아니냐"고 힐난하였다. 본인은 이에 대해 "오사카 사람이 오사카 물산을 장려하고 아이치 사람이 아이치 물건을 장려하는 것도 오사카 독립이요, 아이치 독립이라 할 수 있나? 우리는 조선인으로 낙오된 조선물산을 장려함이 경제생활상 당연한 일이 아닌가"라고 강경히 주장하였다. 그러니 고등계 형사도 하등의 행동을 입증할 수 없어서 주의만 주었다.(유광렬, 「민족운동사측면사: '조선물산장려운동의 전모' 조선물산장려회 이사 정세권」, 『인물계』 1권 2호, 인물계사, 1964)

일제가 조선물산장려회 활동을 예의 주시하는 가운데서도, 정세권은 전폭적으로 물산장려회의 재정을 부담하고 운영을 진두지휘한다.

특히, 그의 재정 기여는 놀라울 정도였다. 앞에서 설명했다시피, 회관 건축비 관련 총 2만 원 중 건물건설비에 1만 5,000원, 토지매입비에 5,000원이 들어갔다. 당시 낙원동 지역은 경성 요지여서 토지매입비 5,000원은 상당히 큰 거금이었다. 재정에 그가 얼만큼이나 기여했는지는 물산장려회 운영비를 분석하면 알 수 있다.

정세권이 본격적으로 물산장려회에 참여하기 시작한 1929년의 수입을 보면, 회비(통상회비와 특별회비) 125원, 회부수입 22원, 광고수입 349원, 특별수입 150원, 차임금 1,220원이다.

여기서 눈에 띄는 부분이 있는데, 이는 바로 회비의 총액수다. 모집된 회비가 겨우 125원에 불과할 정도로 물산장려회가 제대로 운영되지 않았다. 그러나 1929년 이후 물산장려회가 다시 자리를 잡기 시작하면서, 이듬해인 1930년 회비가 436원으로 많이 늘어났다.

그럼에도 1929년 회계를 자세히 들여다보면, 총수입(1,866원) 중 차입금(1,220원)의 비중이 상당하다는 것을 알 수 있다. 물산장려회를 운영하기 위한 비용(1,866원)만큼은 어디선가의 수입으로 채워져야 했다.

1929년도(1929. 8. 8~1930. 5. 15)		1930년도(1930. 5. 16~1931. 4. 5)	
수입	지출	수입	지출
통상회비 90 특별회비 35 회부수입 22.18 광고료 349.35 특별수입 150 차입금 1,220	회관세 104.30 수당금 270.60 비품비 7.40 회보비 1,304.29 소모비 113.21 헌금 66.73	회비 436.18 광고료 1,2002.49 차입금 2,450	수당금 541.78 선전비 1,596.23 회관세 524.41 (회보비?) 1,216
합계 1,866.53	합계 1,866.53	합계 3,888.67	합계 3,878.42

표 조선물산장려회의 1929~1930년 운영비(단위 원圓, 전錢)

그런데 지출을 모두 메꾸기에 회비와 회부수입, 광고수입, 특별수입은 턱없이 부족했다. 그렇기에 상당한 비용을 차입금(꾸어 들인 돈)으로 충당했다.

1930년에도 상황은 비슷했다. 사업이 활발한 탓에 지출(1930년도의 지출은 3,878원)이 늘어났다. 비록 회비와 광고비가 늘었다 한들, 모든 지출을 감내하기는 어려웠다. 1930년에도 상당한 규모의 외부 차입금(2,450원)이 필요했다.

따라서 조직을 운영하기 위해서는 이 부족한 부분을 메꿔야 했는데, 이 부분을 정세권이 부담했다. 2년간 그가 부담한 금액은 확인된 것만 3,670원에 이른다. 낙원동 300번지의 토지 가격이 5,000원임을 고려하면 그의 재정 부담은 상당한 수준이었다. 결론적으로 물산장려회 운영비의 60~75%를 그가 부담한 것이다.

전 세계를 휩쓴 대공황으로 조선 역시 불황에 빠져 부동산 시장이 침체되었다. 정세권은 사업이 위축되는 와중에도 조선물산장려회에 어마어마한 거금을 투여하고 있었던 것이다. 외부 환경 악화로 사업이 정체된 가운데 조선물산장려회에 자금을 쏟아붓고 있었으니, 제아무리 대자본가라고 한들 재정적 손실을 피할 수 없었다. 특히 그는 건양사라는 부동산 개발회사 외에도, 조선물산장려회를 돕기 위한 별도의 회사 장산사까지 운영하고 있었다. 경영 상태가 점점 더 악화되면서 건양사는 자본금이 8만 원으로 줄어들고, 부채액이 10만 원에까지 이르렀다고 한다.

1928년, 정세권이 조선물산장려회 전무이사로 살림을 맡아 많은 족적을 남기는 와중에도 내분은 끊이지 않았다. 정세권을 위시한 상공업자 측은 실용적인 접근을 원했으나, 민족주의 명망가 그룹은 정신적인 측면을 강조했다.

　내부 갈등의 내막은 조선물산장려회 기관지의 변모를 보면 알 수 있다. 1929년 10월에 창간한 『조선물산장려회보』는 1931년 1월에 『장산』으로 이름이 바뀌는데, 회보를 잡지로 혁신하고자 하는 시도였다. 내용 면에서 일반인들이 관심을 가지고 쉽게 읽을 수 있도록 「한약계 권위기관 순례기, 모범 상공 대가 소개」 등 상공업자를 소개했다.

　1931년 6월까지 6호가 발행된 『장산』은 『신조선』으로 이름이 바뀌면서 편집 방향도 바뀌었다. 『장산』에서 보여준 실용적인 내용이 많이 없어지고 「소비에트 5개년 계획」, 「필리핀의 독립운동」, 「최근 영국의 정변」과 같은 시사적이면서 민족의식을 진작시키는 기사들의 빈도가 높아졌다. 이에 정세권은 별도의 기관지 『실생활』을 1931년 8월에 창간해 실용적 노선을 견지하고자 했다.

　정세권의 실용주의 이사진과 명망가들 위주였던 이전 간부진의 의견 차이가 벌어지면서, 1932년 6월 정세권의 장산사는 물산장려회와의 관계를 공식적으로 정리한다. 조선물산장려회관이 완공된 시기(1931년 9월)로부터 불과 1년 만에 파국을 맞이한 것이다. 1932년 9월, 조선물산장려회는 종로2정목으로 회관 이전을 결정하기에 이른다.

정세권이 조선물산장려회를 나온 이후, 물산장려회는 제대로 운영되지 않았다. 1930년대 주요 활동(이사회, 간담회, 총회 등) 횟수를 세어보면, 정세권이 활동한 1930년 초부터 1932년 9월까지는 총 10회가 개최되어 주요 안건들이 처리되었으나, 그 이후에는 1934년 1회의 간담회와 1934년 1회의 상무이사회 개최가 전부였다. 조선물산장려회의 마지막 기관지『신흥조선』은 1934년 1월에 마지막 호를 발간했다. 정세권과 조선물산장려회가 공식적으로 결별하면서 물산장려회의 세가 빠르게 위축된 것이다.

물산장려회 활동의 쇠퇴는 재정 악화의 영향으로 보이는데, 당시 일간지에는 조선물산장려회 회비 납부를 독촉하는 기사가 자주 실렸다.

비록 정세권이 조선물산장려회와 관계를 정리했다고는 하나 모든 관계를 끊지는 않았다. 그는 이후에도 물산장려회 이사직은 유지하고 있었다. 그리고 조선어학회의 기둥이었던 동지 이극로가 새로 이사로 선임된 기록을 보면 정세권이 조선물산장려회와 모든 관계를 끊었던 것으로는 보이지 않는다(1934년 정세권은 상임이사였다).

조선물산장려운동에 대한 정세권의 참여는 재정적 지원을 넘어 실제 운영을 담당하는 등 회사 전사적 차원에서 매달린 총력 지원이었고, 결국 건양사 경영 상황은 위기에 빠지게 된다. 회사를 희생하면서까지 조선물산장려운동을 지원했는데도 내분으로 조선물산

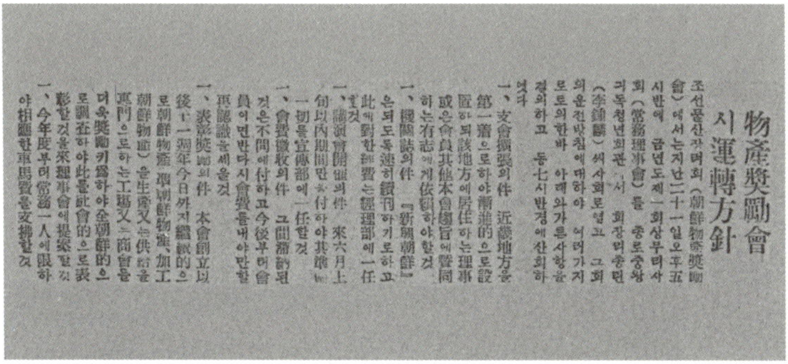

物產奬勵會
시運轉方針

조선물산장려회(朝鮮物產奬勵會)에서는지난二十一일오후五시반에 금년도제一회상무리사회(常務理事會)를 종로중앙긔독청년회관에서 회장리종린(李鍾麟)씨사회로열고 그회의운전방침에대하야 여러가지로토의한바 아래와가튼사항을결의하고 동七시반경에산회하엿다

一、支會擴張의件 近畿地方을第一着으로하야漸進的으로設置하되該地方에居住하는理事或은會員其他本會趣旨에贊同하는有志에게依囑하야할것

一、機關誌의件 『新興朝鮮』은되도록速히續刊하기로하고此에對한經費는經理部에一任할것

一、講演會開催의件 來六月上旬以內期間만은付하야其準備는一切를宣傳部에一任할것

一、會費徵收의件 그間滯納된것은不問에付하고今後부터會員이면반다시會費를내야만할再認識을세울것

一、表彰奬勵의件 本會創立以後十一個年今日까지繼續的으로朝鮮物產(朝鮮物產、加工朝鮮物產)을生產又는供給을專門으로하는工場又는商會를더욱奬勵키爲하야全朝鮮的으로調査하야此를社會的으로表彰할것을來理事會에提案할것

一、今年度부터常務一人에限하야相當한車馬費를支拂할것

그림 7 물산장려회 시운전 방침 "회원이면 반드시 회비를 납부하여야 함을 재인식시킬 것을 결의함"(『매일신보』 「물산장려회 시운전 방침」, 1934. 5. 24) ©한국언론재단

장려회와 공식적 관계를 정리한 것은 조선물산장려운동의 미래를 생각하면 뼈아픈 대목이었다.

비록 그의 역할이 제대로 평가받지 못하고 있더라도, 우리는 그가 남긴 족적을 경험하고 있다. 조선물산장려운동이 조선 소상공인들의 물건 생산과 판매, 소비를 장려했듯이, 그는 제품(근대식 한옥)을 개발하고 근대식 한옥집단지구를 경성 전역에 건설해 일반 대중들이 소비할 수 있게 했다. 식민도시 경성에 살고 있던 조선인들은 정세권이 생산한 한옥을 구입하면서 고유의 주거문화를 이어갈 수 있었다. 근대식 한옥을 조선 제품으로 보는 관점에서 보면 정세권은 경성 전체에 집(한옥)을 물산장려한 것이다. 따라서 그가 건설한 북촌, 인사동, 익선동, 봉익동, 서대문, 창신동, 혜화동, 성북동, 왕십리의 근대식 한옥집단지구는 조선물산장려운동 정신이 주택으로 표출된 것이었다.

비록 20세기 이전 양반 귀족들의 대저택을 쪼개서 만든 작은 한옥들의 집합체라거나 집장사들이 만든 집이라는 오명을 듣기도 하지만 근대 한옥집단지구가 내포한 의미는 도시계획사적으로, 도시개발사적으로, 그리고 조선물산장려운동이라는 독립운동사적으로 매우 높고도 깊다.

최태영의 평가다.

> 그는 좋은 사업가였다. 소목, 대목, 토목, 미장, 문 만드는 이, 구들장 놓는 이 등 집 짓는 기술 있는 건축가들을 많이 모아서 조합을 만들어가지고 사업을 하는데, "집부터 일본집 짓지 말고 한옥을 짓자, 초가집 없애고 깨끗한 것 짓자"고 하였다. 즉, 서울 전체에 집을 물산장려한 것이다. (최태영, 「광산이야기와 제2차 물산장려운동」, 『대한민국학술원통신』 144호, 대한민국학술원, 2005)

조선물산장려회와 관계가 소원해진 뒤, 그는 더 위험한 민족운동에 투신한다. 바로 조선어학회를 후원하기 시작한 것인데, 이는 목숨을 건 독립운동이었다.

◆ ◆ ◆
낙원동 300번지
붉은 벽돌집의 추억

정세권이 조선물산장려회관을 건설한 낙원동 300번지에는 조선물산장려회 사무실과 건양사 사무실이 함께 있었다. 4층 건물의 1층은 조선물산장려회 물품을 판매하는 상점이 2/3, 그리고 건양사가 1/3을 사용했다. 2층은 조선물산장려회 회의실과 물품 전시관으로 사용되었고 3층에는 정세권 가족이 기거했다.

1931년 조선물산장려회관 기공식을 보도한 『매일신보』 기사다.

> 조선물산장려회에서는 20일 오후 4시 반에 낙원동 300번지에서 동회관 신축기공식을 개최하였는데 동회 이사장 이종린 씨의 식사와 정세권 씨의 설계 보고가 있었고 내빈 측의 축사가 있었다는데 건평 28평 4층 건축으로 아래층은 동회 사무실로, 제2

층은 진열관, 제3층은 일반의 식당, 제4층은 옥상정원으로 사용할 터라 하며 늦어도 7월 15일까지는 낙성식을 하리라 한다.(『매일신보』, 「물산장려회관 7월 중순까지 준성」, 1931. 4. 22)

여기서 눈에 띄는 부분은 건물의 4층이 옥상정원으로 설계되었다는 점이다. 옥상정원이라는 개념이 대한민국에서 인기를 끌기 시작한 것은 불과 얼마 전의 일이다. 100년 전 낙원동 300번지 조선물산장려회 총본산의 건물 설계에는 이처럼 시대를 앞선 기획이 들어 있었다.

4층 옥상정원에서 찍은 정세권 가족 사진을 보자. 정세권의 가족은 자주 이사를 다닌 터라 오랜 기간 거주했던 거처, 특히 낙원동 300번지에 대한 기억이 남다르다.

1920년대 당시에는 계단이 있는 집이 귀해서 낙원동 300번지 건물이 완공되었을 때, 사람들이 구름처럼 몰려와서 층층다리를 오르내렸다.

옥상에는 동생을 위해서 그네를 매었는데 아이들이 매일 모여들어 아버지가 시청에 이야기해서 파고다공원(현 탑골공원) 안에 어린이 놀이터가 만들어졌다.

4층 건물 입구 정문에는 아버님 개인 건축회사인 '건양사' 간판과 '조선물산장려회' 간판이 나란히 걸려 있었다. (……) 2층에

그림 8 낙원동 300번지에서 찍은 정세권 가족사진(AI 사진 보정) ©정남식

는 조선물산장려회 회의실이 있었다. 월례 모임이 있는 날은 콩나물, 무, 대파, 양지, 곱창, 쇠고기 등을 넣고 국을 많이 끓이는 날이었고, 조선물산장려회 회원님들이 모이는 날이었다.

안재홍, 여운형, 김도연, 명세재 선생, 이극로 박사 등 어린 나이인데도 많이 들어서 귀에 익은 어르신네의 함자들이다.(정몽화, 『구름따라 바람따라』, 학사원, 1998, 44~46쪽)

"낙원동에 4층 집을 지으셨죠. 벽돌로. 우리가 거기서 살 때, (아마 우리나라에서) 처음으로 소련식 페치카를 개발하고 설치하셨어요. 벽돌이 전부 난로예요. 여름에는 안 땠지만, 겨울에는 거기에 감자와 고구마도 구워 먹었습니다. 당시로서는 최첨단식 집에서 살았죠.

파고다공원 북쪽 후문 왼편에 위치해서 파고다공원이 우리 집 마당 같았어요."(둘째 딸 고 정정식 인터뷰 2015. 10. 4)

3층이 비록 정세권의 가정집이라 해도, 사실 가정집 역할만 한 것이 아니다. 조선물산장려회의 창고와 공장에 진배없었다.

"1930년대 초에 우리나라에 수해가 발생한 적이 있어요. 그래서 남도 사람들이 많이 죽었습니다. 그때 우리 아버님이 남도 사람들 무명을 다 사들였어요. 그걸 3층에 있던 집에다 전부 갖다

놓으시고 우리 집에서 옷을 지었어요. 조선의 농촌에서 짠 무명과 삼베를 트럭으로 가지고 와서 그걸 우리가 밤새도록 자르고 꿰맨 후에 이틀인가 후에 남도로 보냈어요. 저는 국민학생이었는데 그때 하도 바느질을 해서 여기가 이렇게 해졌어요."(둘째 딸 고정정식 인터뷰 2015. 9. 1)

정세권의 둘째 딸 정정식은 당시 초등학생이라는 어린 나이였지만, 조선물산장려회와 관련된 활동이라는 것을 알고 있었고, 이에 대한 자부심을 갖고 있었다.

"당시 경성제국대학(인근)에 염색공장이 있었어요. 거기에 다니시면서 염색을 배우셨어요. 그리고 옷에 염색을 해서 입히셨습니다. 그래서 저는 교동국민학교 다닐 적에 무명에다가 물감을 들여서 곤색 외투를 입고 다녔어요. 그런데 학교에 그걸 입고 가면 아이들이 놀렸어요. (교동초등학교는 당시 부유층 귀족자제들이 다닌 학교였다.) 그래도 우리 아버님이 하시는 거니까 정말 자랑스럽게 입고 다녔어요."(둘째 딸 고 정정식 인터뷰 2015. 10. 4)

우리 집에서는 일본 물건, 일본 옷은 쓰지도 입지도 못했다. 아버님도 우리 형제도 다 명주나 물실명주, 무명베에 검정 혹은 회색, 녹색 등 물감 들인 한복과 양복을 입고 자랐다. 그래서 우리 어머님 손은 언제나 물감으로 물들여진 얼룩덜룩한 손이었다. 모시에도 분홍 진분홍 옥색 물감이 들여졌고, 동생 옷은 명주에 주홍색 빨간색 등 물감이 들여진 옷이었다. 당시 종로에 있던 독일물감 파는 집에 가끔 심부름을 간 기억이 있다. (……) 교동국민학교에서 수업을 마치고 교문을 나오면 검정옷에 노란 소매를 달고 패랭이 모자를 쓴 분들이 광고를 돌렸다. 나는 그 뒤를 친구들과 함께 자주 따라다녔는데, 광고지를 뿌리면 서로 많이 가지려고 한 기억이 있다. 하루는 (광고지를 뿌리는 분을) 뒤따라가다 보니 낙원동 300번지 우리가 사는 집으로 쑥 들어가기에 깜짝 놀란 적이 있다. 그 광고지에는 '우리 살림 우리 것으로'라고 쓰여 있었다. (정몽화, 『구름따라 바람따라』, 학사원, 1998, 48쪽)

이어지는 가족들의 회고다.

2층 건물 내 전시장에는 명주, 무명베, 삼팔, 물실명주, 삼베, 모시, 생모시, 나당 등 조선 땅에서 나는 옷감이 전시되어 있었다. (……) 그리고 옷감 이외에도 각종 조선물산이 전시되어 있었다. 장구, 꽹과리, 조선종이, 갓, 참빗, 담뱃대, 대소쿠리, 유기촛대, 실패, 반짇고리, 앗(亞)자무늬가 있는 예쁜 상자 등.

아버지 회사 직원들은 이 옷감으로 춘추양복을 만들어 입었다. 이런 옷감들은 아버님이 직접 각지의 특산품 산지를 찾아다

> 니시며 사들인 것이다. 아버님께 "평양에 다녀왔다. 전라도에 갔다 왔다"라고 하신 말씀을 들은 기억이 난다.
>
> 그 당시 학생들 교복 옷감은 일본에서 가져오는 고꾸라지(小倉織)였는데 조선물산장려회에서는 '우리 살림 우리 것으로'라는 슬로건을 내걸고 학생들 교복을 국산으로 바꾸는 운동을 전개하였다. 그래서 그 당시 무명베 교복을 배재, 경신, 대동, 휘문 같은 사립학교에서 먼저 입기 시작했다.(정몽화, 『구름따라 바람따라』, 학사원, 1998, 45쪽)

1923년 시작한 조선물산장려회에 대한 전국적인 호응은 불과 반년밖에 가지 못했다. 하지만 1929년 정세권의 등장과 함께 물산장려회는 기관지의 지속적인 발행, 조선물산장려회관의 건립, 조선물품 전시와 판매, 기부 및 사회사업 등 다양한 사업들을 활발하게 펼쳤다.

명제세 등 사회명망가들이 이끌면서 1923년부터 1929년까지 물산장려회의 명맥이 이어졌다고는 하나, 1929년 이후의 성과는 투자를 아끼지 않고 사업을 실질적으로 진행한 정세권에게서 비롯되었다. 1923년 초기 전국석으로 대단한 호응을 받았다 한들, 그 기세는 1년도 지나지 않아 꺾였고, 1928년까지는 사업 자체를 진행할 여력도 없는 조직이었다. 그러나 정세권이 참여한 1929~1932년에는 대단한 활동을 전개했다. 그리고 정세권이 탈퇴한 1933년 물산장려회는 다시 쇠락의 길에 빠져 1937년에 해체된다.

더 많은 연구가 필요하겠지만, 조선물산장려회의 부흥기는 정세권이 재정을 지원하고 실질적으로 이끈 시기와 일치하기에 조선물산장려회는 정세권(건양사)의 참여가 없었다면 1923년 1년짜리 운동에 지나지 않았을지 모른다.

만약 1929~1932년 사이의 성과들이 없었다면, 과연 우리가 중고등학교 역사 시간에 조선물산장려운동에 대해 배울 수 있었을까? 가두행진을 하면서 우리 물건을 사자고 호소하는 캠페인 활동의 의미를 폄하하는 것은 아니지만, 실질적으로 생산을 독려하고 판매가 이루어지는 결과물이 없었다면 그 역사적 가치가 현재 우리가 기억하는 물산장려운동의 역사성에는 미치지 못했을 것이다. 어쩌면 정세권과 건양사의 역할이 없었다면, 조선물산장려운동은 현재와 같은 평가를 받지 못했을지 모른다. 따라서 조선물산장려운동의 부흥기를 이끈 정세권과 건양사의 역할은 반드시 기억되어야 하며, 재평가가 이루어져야 한다.

이는 유족들의 작은 바람이기도 하다.

"명제세 선생님이 조선물산장려회를 이끈 수고를 하신 거 압니다. 그러나 우리는 그 시작(물산장려회의 성공)이 낙원동 300번지 그 4층 건물이었다고 생각해요. 온 집안 식구가, 그때 내가 국민학교 다닐 때인데도 가서 가위질을 해야 했어요. 그렇게까지 온

집안 식구가 다 솔선했어요."(둘째 딸 고 정정식 인터뷰 2015. 9. 1)

낙원동 300번지는 파고다 공원 아케이드를 건설하면서 구역을 정비할 때 헐린 것으로 추정된다. 정세권에 대한 기억이 없듯이, 헐리는 순간 누구도 낙원동 300번지의 의미를 알지 못했다.

"어느 날, 정부에서 연락이 왔어요. 낙원동 300번지를 부술 예정이니, 관심이 있으면 미리 와서 사진을 찍으라고."(막내딸 정남식 인터뷰 2015. 10. 16)

조선물산장려운동의 총본산은 그렇게 그 누구의 관심도 받지 못한 채 역사 속으로 사라졌다. 명동에서 낙원상가아파트 방향으로, 탑골공원 후문 좌측에 1930년대 물산장려운동을 조선 전국에 재점화시킨 붉은 벽돌 건물이 우뚝 서 있었다.

대자본가의 위험한 독립운동

정세권은 외국에서 공부하고 들어온 지식인들을 많이 아꼈다. 가족들은 특히 이광수와 이극로를 기억한다.

> "이광수 선생이 외국에서 공부하고 들어왔을 때, 거처할 곳이 없어서 쩔쩔매는 것을 보고 (아버지 소유) 북촌 한옥에 머무르게 하셨어요. 이극로 선생을 무어라 불렀는지 아세요? 고무신 박사예요. 항상 검정 고무신을 신고 다니셨어요. 아버지가 너무 아낀 분이었어요."(둘째 딸 고 정정식 인터뷰 2013. 10. 4)

이광수는 귀국 후 정세권의 북촌 한옥에 기거했고, 그 후 정세권이 한옥을 지어준 것에 감사하여 「성조기」라는 글을 발표하기도 했다. 이광수는 정세권 집안과 인연을 이어갔다.

> "이광수 선생님이 오빠들(정세권의 아들) 중매를 서 주신다고 했는데, 모두 좋아하는 여자들이 있었나 봐요. 그래서 저와 동생(정몽화)의 중매를 서주셨죠. 부인 되시는 허영숙 선생님 병원에도 자주 갔어요."(둘째 딸 고 정정식 인터뷰 2013. 10. 4)

> "제 어머니가 당시 늦은 나이(29세)에 미혼이었어요. 당시 기준으로 정말 늦은 나이였죠. 이광수 선생이 본인의 동향 선배 김홍식(독립운동가)의 아들을 중매 섰어요. 아마도 외할아버지(정세권)의 아드님들 중신 못 서주는 게 미안했던지, 딸들 중매를 서준 것 같아요."(외손녀 김재원 인터뷰 2016. 5. 17)

개인적으로 많은 인물과 친분이 있었으나, 독립운동 차원에서 정세권(1888년생)은 비슷한 연배의 민세 안재홍(1891년생)과 고루 이극로(1893년생)와 고락을 함께했다. 안재홍과 정세권은 초기부터 조선물산장려운동을 함께했고, 나아가야 할 방향에 대한 인식을 같이했다.

1929년에 유학을 하다 귀국한 이극로는 이후 조선물산장려운동과 조선어학회 활동에 뛰어들었다. 이극로의 적극적 활동에 공감한 안재홍과 정세권 역시 조선어학회에 주도적으로 참여하게 되었고, 이들 모두 조선어학회 사건으로 옥고를 치르고 고문을 당했다.

나이가 비슷하여 친구처럼 지냈을 이들은 가히 동지적 인연을 맺었다고 할 수 있다. 대중이 잘 알지 못하는 안재홍과 이극로를 유족들이 유독 기억하는 연유다. 이들의 관계는 산업계와 언론계, 학계의 중추적 인물들이 국내에서 목숨 걸고 전개한 민족 독립운동 전선이었다.

조선어학회는 조선말을 지키고 간직하는 것이 주목표였기 때문에 일제의 관점에서는 도저히 용납할 수 없는 독립운동 단체였다. 따라서 이 운동에는 많은 사람들의 노력과 희생이 뒤따랐다. 이윤재와 한징은 조선어학회 사건으로 연행돼 모진 고문을 받고 옥사했다.

이들 중 이극로는 혁혁한 노력으로 조선어학회를 이끌고 조선어 사전 편찬에 큰 역할을 했는데, 오늘날에는 제대로 평가받지 못하고 있다. 그가 해방정국에서 자진 월북했고 북한에서 활동했기 때문으로 보인다.

상해 동제대학교에서 공부한 이극로는 독일에서 경제학을 전공했는데, 『조선일보』에서 조선 최초의 경제학 박사로 소개되었다. 이극로는 독일에서 경제학을 연구하는 동안 어학 분야를 공부하고, 베를린 대학에서 조선어강좌를 개설해 1922년부터 3년간 조선어를 가르쳤다.

이극로는 조선이 독립하기 전까지는 돈을 벌지 않겠다는 결심으로 한글 운동에 매진했다. 1930년대 말 조선어학회의 재정난이 타개되지 않은 상황이라, 다른 회원들은 취직해서 돈을 벌고 여가 시간에 사전 편찬 활동에 참여했다. 그러나 이극로만은 온종일 사전편찬실을 지켰다. 보기에 안쓰러웠던지 인촌 김성수가 보성전문학교 교장직을 제안했는데도 이를 거절하고 사전 편찬 작업에 골몰했다.

다음은 조선어학회 사건으로 연행된 최초의 피의자인 조선어학회 회원 정태진의 평가다.

> 고루 이극로 선생님이 우리나라에서 한글 운동의 제1인자이다.(한글학회 편, 『얼음장 밑에서도 물은 흘러 : 조선어학회 수난 50돌 기념 글모이』, 한글학회, 1993)

> 조선어학회 대표는 고루 스승이었고, 학회의 모든 운영은 오로지 고루 스승이 이끌어갔다. 한 예로 학회 운영비가 떨어지면 이를 마련하기 위해 동분서주하시다가 돌아와 "129, 어떻게 산다는 말인가!"라고 길게 한숨을 내쉰 일이 한두 번이 아니었다.(최호연, 『조선어학회 청진동 시절 상』, 진명문화사, 1992).

129는 조선어학회 회관이 있던 종로구 화동 129번지를 뜻한다. 조선어학회를 129로 부를 만큼 고루 이극로에게 화동 129번지 조선어학회 회관은 남다른 의미가 있는 곳이었고, 그는 129번지 설립에 전력을 다한 정세권에게 매우 고마워했다.

조선어학회의 발전

이제 조선어학회라 하면, 해내 해외를 불론하고 조선말을 연구하는 학술단체로 뚜렷하게 알리어진 것이 사실이다. 이 학술단체가 어떻게 (성장)되어 왔나를 간단히 적으려 한다. (……) 그러다가 이제로 육 년 전에 비로소 서울 수표정 42번지 조선교육협회 집안에서 방 한 칸을 얻어 곁방살이로 문패를 붙이게 되었다.

그 뒤로 우리는 사전 편찬, 잡지 간행, 철자법 통일안 작성, 이 밖에 여러 가지 사업이 진행되고 있다.

그런 가운데 장산사 사장 정세권 씨로부터 서울 화동 129번지 2층 양옥 한 채를 조선어학회 회관으로 감사히 제공받게 되었다. 그래서 금년 7월 11날에 이 집으로 회관을 옮기게 되었다. 조선어학회가 딴 문패를 붙이고 독립한 호주가 된 것은 창립 이후 이번이 처음 일이다. 이 학술단체가 독립된 호주가 되도록 성장한 것은 오직 조선어학회 회원의 노력에 있는 것이 아니라, 이 과학적 사업에 대한 조선 사회의 많은 동정이 있은 까닭이다.

끝으로 우리 조선어학회는 조선 사회에 대하여 특별히 정세권 씨에 대하여 감사함을 마지아니하는 동시에, 우리는 적은 힘이나마 더욱 정성을 다하여 여러분의 바라는 바를 이루도록 힘쓰려 한다. (이극로, 「조선어학회의 발전」, 『한글』 3권 6호, 한글학회, 1935, 339쪽.)

이극로는 이 짧은 글에서 두 번에 걸쳐 정세권의 호의에 감사를

그림 9 1935년 조선어학회 표준어사정위원들의 현충사 방문 기념사진. 앞줄 맨 왼쪽이 정세권, 둘째 줄 왼쪽에서 두 번째가 이극로, 같은 줄 네 번째가 안재홍이다. ©한글학회(AI 사진 보정)

표했다. 당시 경성방직 여공의 한 달 월급이 21원이었다고 한다. 정세권은 토지 매입비 및 건설비 4,000원을 들여 회관을 완성했다고 하니, 여공 200여 명 월급 분량을 내놓은 것이었다. 그가 이렇듯 정세권에게 거듭 감사를 표명한 것은 그의 종국적 목표와 연관되어 있다. 이극로는 회관을 단순히 조선어학회 활동 기지로 여기지 않고 독립운동의 전초 기지로 만들고자 하는 의욕을 갖고 있었다.

이극로는 대학을 신사를 양성하는 양사원으로 인식하고, 이런 기관을 설립해 독립운동의 투사와 독립 이후의 지도자를 양성하는 기관으로 삼고 싶어 했다. 그는 그 연장선상에서 본인이 가장 하고 싶은 일에 대한 답으로 "가난한 학자와 기술자에게 먹고살 길을 열어주는 것"이라 했다. 그래서 그는 실질적인 공간(화동 129번지)을 확보한 후 재단을 설립해 운영비를 얻어 구체적인 활동에 들어가고자 한 것이다. 아쉽게도 재단을 설립하려는 계획과 양사원 설립 계획은 일제의 탄압으로 실패로 돌아갔다.

정세권의 조선어학회 참여는 조선물산장려운동 활동 중 이극로를 만나면서 시작되었고, 출판업계 대표의 한 사람으로서 이극로의 활동을 전폭적으로 지지했다.

당시 조선어학회의 최종 목표는 조선어사전 『큰사전』의 출판이었는데, 이를 위해서는 방언 등을 표준화하는 표준화 작업과 한글맞춤법 통일 등이 선결 과제였다. 그런데 한글맞춤법 통일에 있어서 조선어학연구회와 조선어학회는 심한 갈등을 빚었다. 그러나 이극로는 조선일보와 동아일보 등의 언론계와 학계 및 출판계 주요 인사 70인의 동의를 얻어 이를 돌파한다. 물산장려회 기관지인 『장산』 그리고 이후 『실생활』의 발행인으로 출판계 거물이기도 한 정세권은 이극로의 활동을 적극 후원했다.

그 외에도 정세권은 조선어학회 활동에 다양한 재정적 기여를 했다. 종로구 화동 129번지에 학회 회관을 건립해 기증하고, 조선기념도서출판관 이사 5인 중 1인으로 활약하며 다양한 활동에 재정 기부를 했다.

일제의 입장에서 조선어학회 참여자들의 면면과 활동을 고려하면, 조선어학회 회관 설립비용 및 각종 활동 지원 행위는 독립운동 자금 지원과 진배없었다. 따라서 이러한 활동(조선어학회 건물 기증, 조선기념도서출판관 이사 재직과 조선어 표준말 사정위원회 후원)의 대가는 조선어학회 사건으로 인한 모진 고문과 재산 강탈이었다.

◆ ◆ ◆ 일제가 고문을 하고 재산을 앗아가니

1930년대 중반, 일제는 내선일체를 내세우며 우리말과 한글을 탄압하기 시작했다. 1938년 「조선교육령」을 개정해 조선어 과목을 폐지하고 학교 안에서 우리말 사용도 금지했다.

따라서 1935년 자체 회관을 갖추고 왕성한 활동을 하고 있던 조선어학회는 눈엣가시였다. 종로경찰서 형사들이 매일 화동 129번지 학회사무실에 출입하면서 감시하고 있었다.

조선어학회 참여 회원들의 면면을 보면, 일제의 입장에서는 조선어학회를 의심의 눈길로 볼 수밖에 없었다. 3·1운동에 참여한 인사들과 반일 민족주의자 주시경의 제자 그룹, 민족종교인 대종교 인사들이 다수 포진해 있었다. 그리고 이들이 참여한 민족운동은 수양동우회 사건, 흥업구락부 사건, 세계피압박민족대회 참여, 신간회,

대한민국 청년외교단 사건, 재만 조선동포 학살 사건 위문 활동, 대동단, 대동청년단, 대한민국 임시정부, 상록회 사건 등 다양했다. 따라서 일제가 보기에 문제적 인물들이 대거 모인 조선어학회는 민족운동의 소굴이었고 언젠가는 손볼 대상이었다.

조선말 『큰사전』 편찬에 헌신한 이강로의 증언이다.

> 나는 1940년부터 조선어학회에 기웃거리기 시작하였습니다. (……) 조선어학회 사건이 난 줄도 모르고 어학회 건물 근처에 두 번 갔더니, 조선인 출신 일본형사들이 어슬렁거리다가 나를 불렀습니다. "너 이리 와봐"라고 해서 가니, 형사가 두 번 내 뺨을 때려 맞았습니다. 형사가 "조그만 자식이 독립하러 다니느냐. 다 안다. 그러다 죽는 수가 있다"라고 말하며.(박용규, 『조선어학회 항일투쟁사』, 한글학회, 2012, 156쪽)

이런 단체의 회원이며, 회관을 지어주고 각종 활동을 지원한 정세권은 조선어학회 돈줄로 파악되었기에 일제의 우선순위 감시대상이었다.

조선어학회 사건은 일제가 조선어학회를 옭아내기 위해 의도한 것이었다. 일제는 1942년 9월 함흥 영생여학교 학생의 편지 내용을 꼬투리 삼아 조선어학회 회원 정태진을 고문해 자백서를 쓰도록 강요하고, 이를 시작으로 학회 회원들을 대거 검거하기 시작했다. 일제는 1942년 10월 1일부터 1943년 4월 1일까지 조선어학회 핵심 회원과 사전 편찬을 후원한 찬조 회원을 대거 연행했다.

일제는 이극로, 최현배, 이윤재, 한징, 안재홍을 포함해 핵심 33인을 검거했는데, 33인 숫자는 3·1운동의 민족대표 33인과 수를 맞추려는 일제의 속셈이었다.

이들과 함께 증인으로 붙들려 가 심문을 받은 8인(주요 후원 그룹)이 있는데, 정세권도 그중 한 명이었다. 연행된 이들이 받은 고초는 대단했다.

핵심 회원으로 고문을 당한 김윤경의 증언이다.

> 고문의 종류로 말하면 물 먹이기, 천장 들보에 매달고 치기(소위 비행기 태우기), 몽둥이로 난타하기, 사지로 버티고 개처럼 엎드리게 하기, 난로불에 타던 장작개비로 벗은 몸을 지지기, 목도로 정강이를 산적 이기듯 난도질하기, 뺨치기, 발길로 차기, 유도식으로 메어 치기, 먹으로 얼굴에 그림이나 글을 써 붙이고 여러 사람 앞마다 돌아가면서 능욕적 문답 시키기, 찬물이나 뜨거운 물을 끼얹기 (……) 이극로는 처음 함흥경찰서에서 첫날에 두 번, 둘째 날에 세 번, 셋째 날에 두 번 모두 일곱 번이나 죽었다 살아났다. 이윤재는 물 먹는 고문을 몇 번이나 당했는지 유명을 달리하였다. (박용규, 『조선어학회 항일투쟁사』, 한글학회, 2012, 164~166쪽)

김윤경 본인도 여섯 번이나 기절했고, 이인(초대 법무부장관)은 가격을 당해 앞니 두 개가 빠지고 양쪽 귀가 찢어졌다. 이만규도 귀한쪽이 크게 손상되었다. 그리고 수차례에 걸쳐 물고문과 구타를 당한 이윤재와 한징은 옥사했다. 이극로가 당한 고초도 상당했다.

> 이극로는 (비행기 타기를) 열두 번이나 당하였다. 십여 분 동안 두어 차례나 죽은 상태에 있었다. 처음에는 고통을 못 이기어 큰 소리로 부르짖더니, 조금 지나면 혈맥이 막히어 잠잠하게 되었는데, 기진맥진하여 까무러쳐 죽은 모양에 이른 듯했다.
>
> 그는 혹독한 난타로 손톱과 발톱이 빠져서 병신이 되었으며, 몸에 흠집이 생기었고, 늑막염이 생기어 수년 동안 치료를 받았다. 난타로 말미암아 볼기와 사지는 피투성이가 되었고 부르터서 돌작밭(자갈밭의 방언)처럼 된 일도 있었다.(김윤경, 「조선어학회 수난기」, 『한글』 11권 1호, 1946, 56~57쪽)

정세권 역시 당시 극심한 고문을 당했다.

> "당시 함경도로 15일 동안 끌려가서 (아버지도) 고문을 당하셨어요. 학자분들이 많이 끌려갔죠. 돌아가신 분들도 있고 (……) 우리 아버지는 학자가 아녜요. (일종의 학회) 고문이었죠. 그런데 끌려가서 (고문을) 당하셨어요.

당시 병원에 갈 수 없었어요. 그런데 이명래 씨(재래 의약의 거두이며 해방 후 가정상비약으로 유명했던 이명래 고약의 발명가)가 오셔서 아버지를 끼고 치료해주셨어요. 그래서 살아나셨죠.

그다음에 이극로 선생님이 고문당해서 (우리가 그때 살던) 혜화동 집으로 오셨어요. 오셨는데 그냥 바지 뒤가 전부 피투성이였어요. 고문당한 이야기를 아버지랑 한참 하고 가셨어요."(둘째 딸 고정정식 인터뷰 2015. 9. 1)

정세권은 조선어학회 사건으로 고문만 당한 게 아니었다. 그는 상당한 재산을 일제에 빼앗겼다.

다음은 한글학회지에 실린 셋째 아들 정균식의 글이다.

1935년부터 애국 단체인 조선어학회에 회관을 기증하고 그 사업에 필요한 일체의 재정적 뒷받침을 전담하다시피 하는 한편, 안창호, 안호상, 이인, 이은상, 김성수 등과 더불어 양사원을 조직하여 이인과 함께 역시 재정적 뒷받침을 하였다.

1942년 일본 경찰이 조선어학회에서 우리말 사전 편찬을 트집하여 이에 관련된 사람들을 일제 검거한, 이른바 '조선어학회 사건'으로, 정세권도 흥원으로 붙잡혀 가게 되었는데, 때마침 얻은 병으로 오래되지 않아 우선 석방되었다.

그러나 우리말 사전 편찬 그 자체가 별로 대단한 죄목이 되지 않음을 안 일본 경찰은, 양사원 문제와 상해임시정부와의 관련 문제를 들고나와 죄를 더 무겁게 하려고 갖은 악형과 모멸을 다하였다. 결국, 그들은 서울에 정세권의 사유지가 수만 평 있음을 알아내어, 이를 거저먹을 양으로 갖은 위협을 가하였고, 심지어는 경제범으로 몰아 1943년 6월 18일 서울 동대문경찰서에 구치하여 온갖 협박과 압력을 가하여, 성동구 자양동(뚝섬)에 있는 35,279평의 사유지를 그들의 '대화숙'에 조공하라고 강요하였다. '대화숙'이란 우리 민족에게 이른바 그들의 '대화혼'을 주입시키기 위한 세뇌 기관으로, 정세권으로서는 도저히 생각할 수 없는 일이었으나, 수많은 애국지사의 말할 수 없는 고통과 모멸을 덜어야만 하겠다는 생각에서 이를 수락하지 않을 수 없는 처지였다.(정균식, 「기농 정세권의 애국 운동 줄거리」, 『한글새소식』 131호, 한글학회, 1983, 22쪽)

유족의 증언에 의하면, 그는 조선어학회 사건으로 1942년 11월 홍원경찰서에 끌려가 모진 고문을 당하고, 1943년 6월 다시 경제범으로 몰려 동대문경찰서에 끌려가 재산을 강압적으로 탈취당했다.

"아버지랑 오빠(정균식)도 같이 잡혀갔죠. 처음에는 아는 사람을 통해서 당신과 아들을 빼줄 테니 돈을 내라고 회유했어요. 아버지가 거절하셨죠. 그런데 조선어학회 동지들이 눈앞에서 고문

받는 것을 보고 도저히 어떻게 할 수가 없었대요. 고문이라도 덜 받게 하려면 일제가 원하는 대로 재산을 줄 수밖에 없었대요."
(둘째 딸 고 정정식 인터뷰 2013. 10. 4, 2014. 1. 15).

민족 자본가로 활동하던 정세권은 조선어학회 사건으로 심신의 고초를 겪었고 재산마저도 일제에게 강탈당했다.

정세권을 비롯한 조선어학회 핵심 회원들은 심한 고문을 받은 동지였다. 그렇기에 그들 간의 인연은 끈끈했다. 이극로와 함께 조선어학회를 이끌었던 최현배에 대한 유족의 기억이다.

"조선어학회 때 고문당하신 분들끼리 나중에 같이 사진도 찍고 그랬어요. 항상 서로 연락이 되어 있었죠. (정세권은 한국전쟁 때 다리를 다쳐 미처 피난을 못 가고 서울에 남아 있었다.) 서울 수복 후, 최현배 선생님이 걱정이 되어서 아버지를 뵈러 들렀다고 들었어요."(둘째 딸 고 정정식 인터뷰 2013. 10. 4, 2015. 9. 1).

"아버지 돌아가시고 맨 처음에 분향하러 오신 분이 최현배 선생님이셨어요."(막내딸 정남식 인터뷰 2015. 10. 16).

한국 사람은 한국 문화로 더 밝아지게

해방이 지나고 한참 후인 1957년 한글학회의 『큰사전』이 완성되었다. 정세권은 「큰사전 완성을 축하함」이라는 글을 『한글』에 실으면서 본인의 참여 동기를 다음과 같이 설명했다.

> (큰사전 완성하는) 날을 당하여 지난 일을 돌아보면 실로 감개무량합니다. 삼십 년 전 어느 날 조선물산장려회 회의 석상에서 한 선생님을 맞이하여 그 포부를 물어보았더니 그 선생이 말씀하기를 "한 민족의 수가 아무리 많아도 통일된 말이 없으면 문화 민족이 아니요, 통일된 말이 있어도 통일된 글이 없으면 문화 민족이 아니요, 통일된 글까지 있어도 사전이 없으면 문화 민족으로 행세할 수 없다. 우리 민족은 말과 글이 오래전부터 있으나 통

그림 10 정세권 유족이 소장한 1957년판 한글학회 『큰사전』 ©정세권 유족

일되지 못하였고 사전이 없으니 나는 이점을 깊이 느끼어 말과 글을 통일하여 사전을 완성하는 것을 일생의 사업으로 하겠소"라고 하였습니다.(정세권, 「큰사전 완성을 축하함」, 『한글』1 22호, 한글학회, 1957, 481~482쪽)

정세권이 조선물산장려회에서 만난 '선생님'은 이극로로 추정된다. 정세권은 뛰어난 두뇌의 소유자였고, 조선물산장려회와 조선어학회에서 중추적 역할을 했기에 인물의 이름을 기억하지 못했을 리 없다.

조선어학회 회원 중 조선물산장려회에 적극적으로 가담한 대표적 인물은 이극로이며, 앞 인용문에서 엿보이는 문제의식과 결의를 가진 인물 역시 이극로다. 다만 이극로는 1948년 4월 월북 후 북한 국어학의 중추적 역할을 하면서 상당한 요직에 있었기 때문에, 이승만 정권 시기에 함부로 이극로의 실명을 밝히면서 글을 쓰기 어려웠을 것이다. 정세권은 그 누구보다도 이극로가 사전 편찬에 공을 들였음을 잘 알았기 때문에, 『큰사전』 완성을 축하하면서 그와의 인연을 이러한 방식으로 소개했으리라 본다.

그런데 정세권이 처음부터 이극로의 포부에 큰 의미를 둔 것은 아니었다. 다음 글을 보면 경제적으로 힘들어지면 제풀에 꺾여 활동을 멈추리라 봤음을 알 수 있다. 다음은 1957년 학글학회에서 발행한 『한글』 122호에서 「큰사전 완성을 축하함」이라는 제목으로 쓴 정세권의 글이다.

> 그 말씀을 들은 저(우리)의 해석은 그 선생의 생각은 장하나, (본인이) 한 번 (경제적) 곤궁함을 겪은 뒤 취직하여 양복 구두에 손질을 하게 되면 흐지부지 없어질 생각이라 여겨 웃고 말았다.

그러나 정세권은 조선어학회 회원들의 멈추지 않는 열정에 큰 감명을 받았다.

그리고 몇 달 뒤 수표정 교육협회 한 칸 방에 매주 일요일이면 광목 두루마기에 고무신을 신은 선생님 몇 분이 모여 정답게 속살거리기도 하고 화가 나 싸우기도 하거늘, 어떤 날도 한 사람도 빠지지 않았습니다.

(⋯⋯) (그들이) 싸우는 목표에는 돈이나 명예나 권리란 털끝만큼도 없었습니다. 다만, 민족 만대의 문화, 곧 말과 글을 통일하여 사전을 만들고자 하는 것이었습니다. (⋯⋯) 그들의 속살거림과 논의(싸움)가 지속되면서 선생님의 수는 더욱 늘어갔습니다.

그 열정에 탄복한 정세권은 회관을 지어주고 각종 활동비를 지원했다. 그리고 그는 1942년의 안타까웠던 순간을 기억한다.

그 차고 좁은 방에서 수십 년을 하루처럼 고심 노력한 보수는 흥원 경찰의 악독한 고문과 함흥 감옥의 고초였습니다. (⋯⋯) 오늘까지 생존하여 사전 완성을 보게 된 선생님들은 지난 고생을 이야기하면서 사전 완성을 기뻐합니다만, 옥중 고초로 세상을 떠나신 선생님들은 저승에서 사전 완성을 기뻐하실지 (아니면 그들이) 밟아온 고생을 기억하여 서러워할지 (알 수 없기에) 참으로 답답합니다.

조선어학회 사건은 두 가지 측면에서 큰 타격을 주었다. 하나는 고문과 고초로 많은 인사들이 피해를 입은 것이었고, 다른 하나는 십여 년에 걸친 일대 사업(『큰사전』 발행)의 요체인 조선어사전 원고가 일제에 압수당해 분실된 것이었다. 십여 년의 노력이 일순간에 물거품이 되어버린 셈이었다.

『큰사전』 편찬은 이렇게 지난한 과정을 겪었다. 이극로는 사전 편찬이 왜 민족적 시대적 과업이었는지를 다음과 같이 설명했다.

> 내가 처음 서울에 오자 조선어 교육의 현상을 조사하였다. 왜 그리하였냐 하면 나는 이 언어 문제가 곧 민족 문제의 중심이 되는 까닭에 당시 일본 통치하의 조선민족은 (조선) 언어의 멸망이 곧 따라올 것이라 보았기 때문이다. 그리하여 어문운동이 일어나지 아니하면 안 되겠다는 것을 여러 동지에게 말하였다. 이를 통해 민족의식을 넣어주며 민족혁명의 기초를 삼고자 함이었다. 그리하여 먼저 조선 어문을 학술적으로 천명하려면 난마와 같이 불통일된 철자를 통일시키며, 방언으로 되어 있는 말을 표준어로 사정하며, 외국어 고유명사와 외래어의 불통일은 그 표기법을 통일하지 않고는 사전도 편찬할 수 없기에, 조선어사전편찬회를 조직하였다. (이극로, 조준희 옮김, 『고투사십년 : 지구를 한 바퀴 돈 한글학자 이극로 자서전』, 아라, 2014, 185쪽)

즉 사전 편찬에 앞서서 단어의 철자를 통일하고, 방언 등을 표준어로 정리하고, 외래어 역시 표준화시키는 작업이 동시에 진행되어야 했다. 또 각종 전문용어(물리학, 수학, 천문학, 종교 등)의 처리는 특히 까다로운 작업이었다.

여러 난관 속에서 1939년 봄에 어휘 수집이 대강 마무리되고, 1942년 가을에는 어휘 카드의 초벌풀이 달기가 대체로 마무리되어, 사전 체제로의 원고 편성이 상당 부분 완성단계에 이르렀다. 조판된 것까지 합쳐서 약 6,000쪽에 달할 정도로 대단한 작업량이었다.

『큰사전』 완성을 목전에 둔 1942년 가을, 10월 1일 발생한 조선어 학회 사건을 빌미로 일제는 학회를 해산시켰다. 그리고 일제는 조선 어학회 인사 33인을 비롯해 정세권 등 도움을 준 인물들까지 모두 연행해 수감했고, 사전 원고 및 관계 서류 일체를 압수했다. 이들 서류와 원고는 재판의 증거물로 사용하기 위해 함흥으로 이송되었다.

감옥에 붙들려 있던 일부 회원들이 풀려나 사전 원고를 찾으러 서울과 함흥 등지를 백방으로 수소문했지만 끝내 찾지 못했다. 십수 년의 공력이 들어간 사전 원고의 유실은 많은 사람을 안타깝게 했고, 각 방면의 사람들이 원고를 찾고자 노력했다.

1945년 9월 8일, 기적 같은 일이 벌어진다. 서울역 운송부 창고 속에서 사전 원고가 발견된 것이다. 조선어학회 회원들이 피고인 자격으로 불복 상고를 하면서 관련 증빙자료들이 함흥법원에서 서울고등법원으로 이송되던 중에 서울역 운송 창고에 방치되어 있었던 것이다.

둘째 딸 정정식도 그날의 감격을 기억한다.

"우리 집에 사전이 여섯 권 있는데, 1957년에 나온 거예요. 1957년에 우리 한글 사전이 나왔어요. 그런데 (일제강점기에) 조선어학회에서 한글 학자들이 (사전 원고를 거의) 다 만들었는데, (사전 원고를) 일본 사람들이 압수해갔어요. (잃어버렸다고 낙심해 있었는데) 서울역에서 원고를 찾았다는 거예요. 그래서 많은 사람이 (몰려가서) 흥분해서 모두 껴안고 울고 그랬어요."(둘째 딸 고 정정식 인터뷰 2015. 9)

그리하여 『큰사전』 편찬은 다시 진행되었다. 그러나 작업은 순탄치 않았다. 『큰사전』 총 6권 중 첫째 권을 1947년, 둘째 권을 1949년 출판하고, 셋째 권과 넷째 권 출판 작업에 들어가려 했으나 한국전쟁이 발발해 작업이 중단되었다. 다행히 미국 록펠러 재단의 후원으로 나머지 작업들이 1953년 5월에 거의 마무리되었다.

그러나 이승만 대통령의 한글 파동으로 또 한 번의 소동을 겪게 된다. 정부가 한글 간소화 작업을 일방적으로 진행하는 통에 학계의 반발이 일었고, 록펠러 재단의 후원이 정지되는 등 난항이 이어졌다.

이런 난관 끝에 1957년 『큰사전』 완질이 발행되었다. 따라서 조선어학회에게 『큰사전』 발간은 근 30년에 걸친 투쟁의 산물이었고, 그동안 노고를 바친 이들에게는 감격스러운 사건이었다. 정세권은 이 감격을 다음과 같이 한글학회지에 담담히 술회했다.

큰사전 완성을 축하하는 오늘, 지난 일을 추억하고자 하는 바는 부질없이 읽으시는 여러분의 눈물을 자아내고자 함은 아닙니다. (……) (그럼에도) 이렇게 기쁜 축하에 이 사전을 이룩하도록 오랫동안 고생하던 여러 선생님이 밟아온 기억을 억제할 수 없습니다. (……) 이제는 사전이 완성되었으니 이 사전으로 부지런히 가르치고 배워서 십 년이면 십 년만큼 백 년이면 백 년만큼 익혀져서 다른 글이나 말이 아무리 셀지라도, 이 한글문화를 엿보지 못하게 합시다. 만세 이르도록 한국 사람은 한국문화로 더욱더 밝아지기를 축하합니다. (정세권, 「큰사전 완성을 축하함」, 『한글』 122호, 한글학회, 1957, 481~482쪽)

건축왕은 가고 아름다운 한옥마을만 남아

1920년대와 1930년대 왕성한 개발 활동을 한 건양사의 주택개발은 1940년 이후 소강상태에 빠진다.

막내딸 정남식의 기억이다.

"어느 날 아버지가 집에 오셔서 말씀하셨어요. '총독부가 불러서 들어갔더니 나보고 왜 한옥만을 건설하느냐고 묻더구나. 우선 무시하고 돌아왔다.' 하지만 중일전쟁의 여파인지는 모르나, 총독부가 지속적으로 아버지에게 일식 주택을 건설하라고 압력을 가했습니다. 아버지는 일본 주택은 절대 지을 수 없다면서, 1940년부터 해방 때까지 주택사업에 손을 대지 않으셨어요."(막내딸 정남식 인터뷰 2015. 10. 16)

그리고 이는 당시 시대적 상황과 궤를 같이한다. 일제는 1940년 11월 20일 「택지건물등가격통제령」을 발포했다. 통제령은 모든 택지와 건물 가격을 1939년 9월 18일 기준으로 동결시키는 것이었다. 그 후폭풍은 엄청났다. 시장 거래 가격이 거의 1년 전 수준으로 동결되었으니, 매매시장이 심각하게 위축되고 자연스레 거래가 중지되는 효과가 나타났다. 주택 구매자가 1940년에 주택을 높은 가격에 샀다면 손해를 보고 작년(1939년) 가격으로 매도할 이유가 없기 때문이다. 비록 매매시장은 위축되었다 하더라도, 지방 인구가 여전히 경성으로 진입하고 있었기에 임대시장은 매우 활황이었다. 굳이 주택을 팔지 않아도 세놓아서 돈을 벌 수 있는 상황이었다.

가격통제령 때문에 주택개발업자는 주택건설 채산성을 도저히 맞출 수 없게 되었다. 중일전쟁의 여파로 건설 자재 가격이 상승해 주택 건설 비용의 상승은 불가피했으나, 가격통제령으로 말미암아 주택매매 가격 인상이 불가능했기 때문이다. 오히려 손해를 보고 팔아야 하는 상황이 된 것이고, 이러한 사업성 악화는 디벨로퍼들의 주택공급을 가로막았다.

게다가 정세권은 조선총독부의 감시 아래 있었기 때문에 다른 디벨로퍼에 비해 운신의 폭이 더 좁았다. 조선물산장려회 활동, 신간회 참여, 조선어학회 후원 등으로 요주의 리스트에 올라가 있었고, 특히 조선어학회 사건으로 상당한 재산을 일제에 빼앗겼기 때문에 사세도 기울기 시작했다.

1940년대 초반 일제에 의해 건축 면허를 빼앗기고 뚝섬 일대(성동구 자양동)의 대규모 토지를 일제에 강탈당한 후, 건양사의 사세는 빠르게 위축되었다. 건양사 경영에 참여했고 일제 탄압으로 부친과 함께 옥고를 치른 정세권의 셋째 아들 정균식은 일제가 부친을 경제사범으로 몰고 가면서 사업이 위태로워지기 시작했다고 전했다.

유족의 기록을 뒷받침할 만한 객관적 자료는 없으나, 1941년 5월 21일자 『매일신보』의 「최초 택지령 위반 동대문서에서 2건 적발」 기사는 정균식의 이야기에 근거가 되어준다.

이 기사 내용은 1940년 4월 엄창섭 씨가 정세권으로부터 대지 6평 주택을 730원에 매입한 후, 1941년 김음전 씨에게 1,200원에

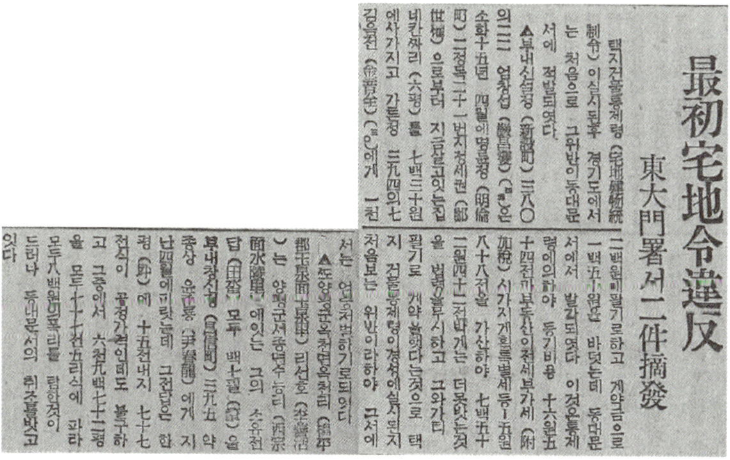

그림 11 「택지건물통제령」을 위반한 최초의 사건 기사 (매일신보, 1941. 5. 21) ©한국언론재단

매각했는데, 이 두 건의 거래 모두 1940년 발효된 가격통제령을 위반한 최초의 경우이기에 엄중히 처벌한다는 것이었다. 1940년의 가격통제령은 주택매매 가격을 1939년 기준으로 묶은 것이어서 주택매매 가격은 1939년 9월 가격에 고정되어야 하는데, 이를 위반했다는 것이다.

법령 자체가 주택시장의 현실을 전혀 고려하지 않은 것이어서, 실제 주택매매가 1939년 가격 기준으로 성사되기는 어렵다. 현재도 다운계약서 형태로 이면 계약을 하는 경우가 있는데, 현실을 도외시한 법령하에서 주택시장 참여자들은 서로 일정 부분 위험을 감수하면서 매매에 참여했을 가능성(이면 계약을 통한 거래)이 높다. 따라서 일제 입장에서 가격통제령은 주택시장에 참여한 사람 중 특정인을 옭아맬 수 있는 법안이었다.

정균식의 기록에 의하면, 정세권은 1942년 11월과 1943년 6월 2회에 걸쳐 옥고를 치른다. 특히 1943년에는 6월 18일부터 19일 동안 아들인 정균식과 함께 동대문서에 수감되었다. 이 기간에 현재의 성동구 자양동 일대의 토지 3만 5,000여 평을 일제에 강탈당했다.

> 선친은 (1942년 11월 흥원경찰서에 투옥되어 심한 고문을 받고 15일 만에 풀려난) 이후에도 지속적으로 경찰에 불려 다니었다. 그러는 동안 일제는 일방적으로 1942년 1월 15일 12,697평을 (사단법인 경성대화숙에) 매매한 것으로, 22,582평을 증여하는 형식으로 꾸

며 1943년 6월 23일 등기를 완료하였다. (정균식의 개인 자료, 「(정세권) 경력의 줄거리와 경위」, 1977)

경성대화숙은 일제가 황도皇道정신 진작과 내선일체 심화를 목적으로 세운 기관으로 시국강습회, 강연회, 좌담회 등을 개최했으며 반일적인 사상범들을 숙소에 합숙시키면서 사상을 개조하려 했다. 숙소를 마련하기 위해서는 대형 토지가 필요했을 터, 정세권 소유의 뚝섬 토지가 경성대화숙 사업에 매우 적합한 대상이었다. 독립운동가 정세권이 경성대화숙 같은 친일기관에 토지를 증여한 시점이 하필 감옥에 투옥된 기간이었다는 것은 정황상 그가 일제에 토지를 빼앗겼음을 보여준다.

부동산 디벨로퍼에게는 '토지비축Land Banking'이라는 전략이 있다. 현재 시점에는 보잘것없어 보이는 지역이어도 향후 새롭게 탈바꿈할 가능성이 있다면, 그 지역 토지를 미리 매입하고 상당 기간 보유한 후 지역이 활성화되면 매각하거나 개발해 큰 차익을 보는 방식이다.

디벨로퍼 정세권은 1920~1930년대 경성이 급팽창하면서 경성 외곽지역에 새로운 주거단지가 개발될 가능성을 간파하고 있었고 실제로 당시에는 외곽이라 할 창신동과 휘경동, 서대문 일대를 개발했다.

또, 같은 맥락에서 뚝섬 일대와 왕십리 일대의 개발 가능성이 농

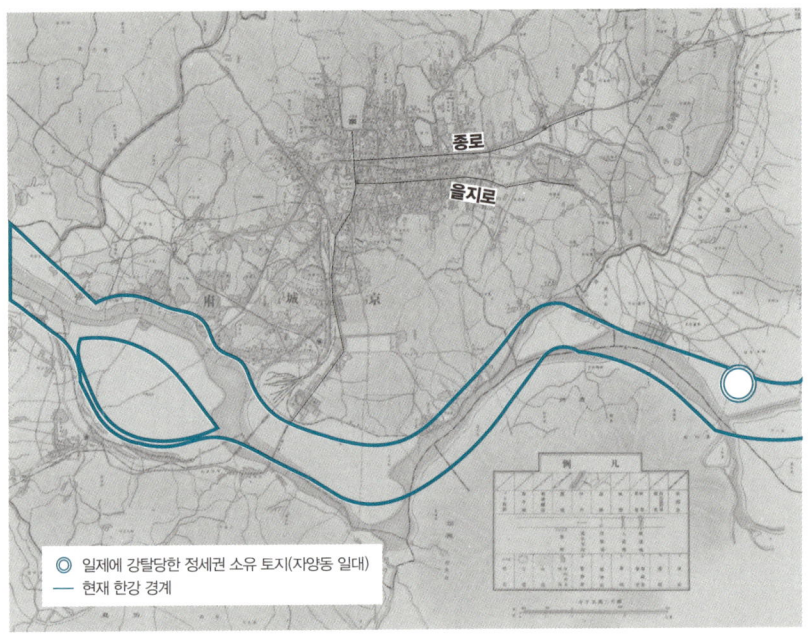

그림 12 빼앗긴 토지의 위치(1930년대 〈경성부관내도〉에 재구성) ⓒ김경민

후했기에 상당량의 자금을 투여해 해당 지역의 토지를 미리 매입하는 토지비축 전략을 시도했다.

　디벨로퍼의 예상대로 해당 지역이 미래에 활성화되는 경우, 토지비축 전략은 디벨로퍼에게 큰 이익을 가져다준다. 하지만 토지비축 전략은 큰 위험을 내포하고 있다. 아무리 활성화 가능성이 명백한 지역이어도, 현재 시점에서 '정확한 미래 성공 시점'을 예측하는 것은 매우 어렵다. 또 아무리 예측과 분석이 정확할지라도 부동산 시장 외부 변수들, 즉 전쟁 등 국가적 재난과 가격통제령과 같은 반시장적 정책은 디벨로퍼가 어떻게 손을 쓸 수 없는 돌발 변수다. 만약 이런 변수들이 현실화된다면 막대한 자금이 토지에 묶여서 디벨로퍼의 사업은 위기에 빠질 수밖에 없다.

실제로 이런 상황이 정세권에게 닥쳤다. 일제가 뚝섬 일대 대규모 토지를 강탈한 것은 사업의 한 축이 무너지는 것과 다름없었다. 그렇게 건양사의 사세는 빠르게 기울었다.

둘째 딸 정정식은 경성 시내의 저택에 살다가 작은 집으로 이사를 가야 했던 당시의 상황을 기억했다.

"왜정 말기, 뚝섬 일대의 큰 토지를 빼앗긴 후 가세가 기울었어요. 우리가 어쩔 수 없이 큰 집을 나와서 다른 곳으로 이사해야 했을 때, 옆집 사람들이 처량한 듯 우리를 바라보던 시선을 잊을 수 없습니다."(둘째 딸 고 정정식 인터뷰 2013. 10. 4)

해방 이후, 유족들은 정부에 해당 토지를 돌려줄 것을 요청했다. 정균식의 기록과 유족의 증언에 의하면, 대한민국 정부와 서울시의 대처는 다음과 같았다.

1970년 3월 11일, 「귀속재산처리법」에 의해 국유화한 후, 1970년 7월 4일 법무부가 해당 대지의 관리청이 되었으며, 1973년 8월 27일 서울시에서 환지換地하여 법무부에서 매각했다.

정세권은 뚝섬 일대 상당량의 토지를 빼앗겼으나, 1930년대 중반부터 매입한 왕십리와 행당동 일대 토지를 보유하고 있었다. 1945년 해방 이후 그는 행당동 지역을 개발하고 일가 친족들과 함께 행당동에 거주했다.

그리고 그 지역에서 한국전쟁을 맞았고 매우 큰 육체적 고통을 당하게 된다. 정세권의 대가족은 왕십리에 몰려 살고 있었고, 한국전쟁 발발과 동시에 피난을 갈 수 있는 처지가 아니었다. 가족들은 1·4후퇴 때에서야 부산과 제주도로 피난을 갔다.

1950년 9월 28일, 전쟁 와중에 정세권은 비행기 폭격으로 다리에 파편이 박히는 큰 중상을 입었고, 몸을 움직이기 어려워진 그는 1·4후퇴 이후에도 가족만 먼저 멀리 보내고 왕십리에 남았다.

그리고 한국전쟁이 끝난 후 정세권은 행당동 일대를 더 개발했다.

"제가 아마 네 살인가 다섯 살(1950년대 중반) 때는 거기(행당동)가 논이어서 겨울에 물을 채워서 썰매를 타고 놀았어요. 그런데 어느 날인가 썰매를 탈 수 없었어요. 할아버지가 개발을 하신 거예요.

할아버지가 늘 건축자재를 쌓아 놓고 인부들 포함해서 다른 사람들이랑 회의하던 장소가 거기 있었어요. 초등학교 들어가기 전에 이모님 댁에 가보면, 아침 일찍부터 할아버지가 인부들과 이야기하면서 명령 내리시고, 어떨 때 화가 나면 담을 그냥 헐어버리기도 하셨어요. '내가 그렇게 하지 말라고 했지' 하면서요."(외손

녀 김재원 인터뷰 2015. 9. 1)

1950년대 후반 이후 그는 평소 꿈이었던 전원주택 개발을 위해 낙향을 준비하고, 실제로 경남 고성군 하이면 덕명리로 이주해 주택 및 공동체 개발에 힘썼다.

"한국전쟁이 끝난 이후에도 (1950년대 중후반) 행당동 일대를 개발하셨어요. (남편이 납북당한 후) 제가 이화여대에서 학생을 가르쳐야 하니까, 어머니가 우리 아이를 봐주셨어요. 그래서 죄송하게도 아버지 혼자 덕명리로 내려가셨어요. 그래도 서울로 자주 왔다 갔다 하셨어요. 삼천포에도 집을 지으셨죠. 행당동에 2층집을 지으셨고, 위층에서 사무를 보시고 그러셨어요."(둘째 딸 고 정정식 인터뷰 2013. 10. 4).

낙향 후 그가 추진한 계획은 협동조합 기반하에 자급자족이 가능한 주택 및 농촌을 건설하는 것이었다. 그의 「삼천포 기본사조합基本舍組合 발기문」을 보면, 기층 농민들이 밭농사 이외에 여러 가축을 키우고 원예를 하면 부기적 수익 창출이 가능해 자급자족이 가능할 것이라 설명하고 있다. 이를 위해 시군마다 조합을 설립하고, 조합원은 구좌당 1,000원씩을 출자해 자금을 모아 사업을 진행하자고 제안했다.

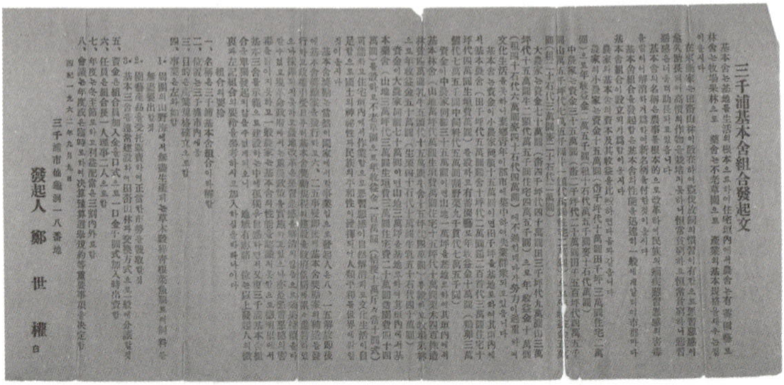

三千浦基本舍組合發起文

發起人 鄭世權 白

그림 13 삼천포 기본사조합 발기문 ©정정식

〈그림 13〉은 1962년 9월 9일 그가 작성한 「삼천포 기본사조합 발기문」 원본이다.

"외할아버지(정세권)께서 서울로 오시면 저희 집에 묵으셨어요. 오시면 전원주택에서의 자급자족적인 삶에 대해서 말씀하셨어요. 대충 제 기억으로는 대지는 30~40평을 넘어서는 안 된다. 나라가 작으니 가구당 최소한의 땅을 차지해야 하고, 건물도 15~18평 정도면 적당하다. 외할머니가 너무 작은 것이 아니냐고 하시면, 앞으로는 가족 수가 많이 줄 것이기 때문에 그래야 한다고 하셨어요. 당시 평균 자녀 수가 4~5명인 것은 너무 많다고 하신 말씀이 기억납니다.

그리고 앞으로는 월급쟁이로 살면서 생활비와 식비가 많이 들

것이라고도 했습니다. 그래서 핵가족을 위한 주택을 구상하셨던 것 같아요.

마당 텃밭에서 채소와 과일을 키우면서 식비를 해결해야 한다고 했습니다. 요지는 도시 월급쟁이가 불가피한 지출을 감당하기 어려우니 주택은 적당한 크기여야 하고 대지에서 일정량의 소출을 얻어서 비용을 절감해야 한다는 것이었습니다. '기본주택'이라고 표현했던 것 같아요."(외손녀 김재원 인터뷰 2015. 9. 1).

정세권의 기본사조합안(주택협동조합안)은 끝내 실패했다. 근래에 와서야 거주자들이 함께 주택을 개발해 소유하고 운영하는 주택협동조합에 관한 관심이 일고 있는 것을 보면* 그의 혜안은 50년을 앞선 것이었다.

1920년대 경성의 북촌 일대를 개발하고, 20세기 초중반 대도시 경성의 뉴타운(신도시)이라 할 창신동, 서대문, 휘경동, 왕십리 등을 성공적으로 개발한 우리나라 최초의 디벨로퍼 정세권은 1965년 9월 14일 향년 88세로 사람들의 기억에서 잊힌 채 세상을 등졌다.

많은 사람은 그가 조선물산장려운동을 실질적으로 성공시킨 장본인이었고, 『큰사전』에 경제석으로 지원하다가 조선어학회 사건으

---

* 2013년 '하우징쿱 주택협동조합' 설립과 2014년 완공된 서울시 은평구 소재 '구름정원사람들'의 사례가 대표적이다.

로 고문당한 독립운동가였고, 일제에게 재산을 강탈당해 회사가 몰락한 대자본가였음을 알지 못한다. 다만, 북촌에 그가 건설한 한옥 집단지구 가회동 31번지와 익선동의 아름다운 외형만을 기억할 뿐이다.

정세권과 아내, 그리고 외손녀 ⓒ김재원

에필로그

기농 정세권을 기리며

춘원 이광수가 납북되지 않았다면 어떠했을까 하는 상상을 해본다. 만약 그가 납북당하지 않았다면, 정세권은 많은 이들에게 기억되는 인물이 되었을지 모른다. 정세권의 셋째 딸 정몽화에 따르면, 이광수는 『그의 자서전』이라는 제목으로 정세권의 자서전을 집필하려 했다.

만약 이것이 사실이고 이광수가 납북되지 않았다면, 정세권 이야기는 많은 사람에게 알려졌을 것이고 그는 지금과 다른 평가를 받았을 것이다.

비록 정세권이 일반 대중에게는 잊힌 인물이 되었으나, 그럼에도 다행스러운 점은 그가 남긴 역사적 족적이 워낙 거대해서 그에 대한 기록과 자료가 여러 곳에서 발견된다는 것이다. 건축학계에서는 근대식 한옥집단지구의 작은 한옥을 건축한 집장사로 기록되어 연구돼왔고, 역사학계에서는 조선물산장려회의 재정을 담당한 인물로, 그리고 한글학·국문학계에서는 조선어학회를 후원하고 조선어학회사건으로 탄압을 받은 인물로 연구되었다.

그러나 그의 개발이 경성 북촌의 많은 지역을 커버할 만큼 광폭적이었음에도 지금까지 도시(개발)사 측면에서 접근한 시도는 없었다. 또 파편적 기록을 총체적으로 엮은 후 종합적 견지에서 다면적으로 평가하려는 연구는 시도조차 된 적이 없었다. 그의 부동산 개발사업(민간 디벨로퍼가 자체 파이낸스로 서민 주택금융을 보조, 대단위 민간 주택임대사업 개시, 부동산 사업의 수직적 계열화)이 21세기 현재의 대한민국에서도 시도되지 못했을 정도로 앞선 사업이었음을 인지하는 사람은 많지 않다.

그렇기에 그에 대한 평가는 이제 시작이다. 그리고 그 평가는 파편적인 측면에 기초해서는 안 된다. 즉 나무를 보지 말고 숲 전체를 바라보면서 왜 그가 그런 행동을 했는지, 전후의 시대적 경제적 사회적 맥락을 지역 차원과 도시 차원 그리고 국가 차원에서 고려해야 한다. 또한 역사에서 잊히고 감춰진 주변 인물들에 대한 평가가 함께 이루어져야 그의 속적이 제대로 평가받을 수 있을 것이다.

나는 2012년부터 5년 가까이 정세권이라는 인물에 푹 빠져 있었고, 그에 관한 연구에 집중했다. 이 연구는 필자 단독으로는 불가능한 것이었고 너무나 많은 사람들의 도움을 받았다. 가깝게는 필자의 지도학생들, 특히 이지은 헤리티지프로젝트 대표(서울대학교 환경대학원 도시계획학 박사)와 유슬기 씨(동 대학원 박사), 구경하 KBS 기자(동 대학원 졸업생)와 정세권이란 인물을 발견한 박호근 씨(월드뱅크 연구원 미시간대 박사)에게 진심으로 감사의 말씀을 전한다. 또한 벅찬 분량의 과제와 연구를 불평 없이 수행한 2013년과 2014년 〈도시계획사〉 수강생 모두에게 감사한다.

그리고 정세권 선생의 둘째 딸 고 정정식 님, 막내딸 정남식 님, 손녀 정희경 님, 외손녀 김재원 님에 대한 감사의 마음은 글로는 도저히 표현할 수 없다. 특히 2015년 10월 30일 소천하신 정정식 님의 설명이 없었다면, 정세권에 대한 기록 자체가 불가능했을 것이며 정남식 님을 비롯한 다른 유족들과 만나기도 쉽지 않았을 것이다.

신혼생활 중 한국전쟁이 터지면서 납북당한 남편에 대한 기억, 조선어학회 사건으로 고문당했던 부친에 대한 회상 등으로 몹시 괴로워하던 고인의 모습이 잊히지 않는다. 고인은 부친이 한낱 집장사로 매도되었던 점과 조선물산장려회의 황금기를 이끌었던 부분이 외면받는 현실에 안타까워했다. 막내딸 정남식 님은 투병 중인데도 아버지 정세권 선생과 관련된 일에 대해서는 항상 열린 마음으로 연구진을 대해주었고 많은 이야기를 들려주셨다.

오늘날 북촌, 익선동 한옥마을은 수많은 사람들이 찾는 관광 명소가 되었다. 그곳을 찾는 사람들이 이제는 경성 전역에 한옥 대단지를 건설한 조선 최초의 디벨로퍼이자 민족운동가 정세권을 기억해주길 바란다. 다시 한번 집필에 도움을 준 모든 분께 한없는 감사를 전한다.

참고문헌 및 자료 출처

제1부. 근대적 디벨로퍼의 출현, 토지 전쟁의 서막이 오르다

- 강병식, 「일제하 서울(경성부) 토지소유실태와 사회상에 대한 연구」, 『실학사상연구』 3집
- 김영근, 「일제하 경성 지역의 사회·공간구조의 변화와 도시경험: 중심-주변의 지역 분화를 중심으로」, 『서울학연구』 20호, 서울시립대학교 서울학연구소, 2003
- 서울특별시사편찬위원회 편저, 『서울인구사』
- 양승우·최상근, 「일제시대 서울 도심부 회사 입지 및 가로망 변화의 특성에 관한 연구」, 『도시설계: 한국도시설계학회지』 5권 1호, 한국도시설계학회, 2001
- 中村資良, 『朝鮮銀行會社要錄』 I~X, 東亞經濟時報社, 1921~1942

- 형기주, 「일제하 경성의 공업과 공업입지: 1910년대」, 『서울학연구』 10호, 서울시립대학교 서울학연구소, 1998
- 서울특별시사편찬위원회 편, 『서울육백년사』 4권, 서울특별시, 1981(김영근, 「일제하 경성 지역의 사회·공간구조의 변화와 도시경험: 중심-주변의 지역분화를 중심으로」, 『서울학연구』 20호, 서울시립대학교 서울학연구소, 2003에서 재인용).
- 서울시사편찬위원회 편저, 『서울인구사』, 서울특별시, 2005
- Peter Hall, Cities of Tomorrow, Wiley-Blackwell Publishers, 2002
- 홍성찬, 「한말·일제초 재경 일본인의 은행 설립과 경영」, 『한국사연구』 97권, 한국사연구회, 1997
- 손정목, 『일제강점기 도시화과정 연구』, 일지사, 1996
- 박세훈, 「1920년대 경성도시계획의 성격 : 「경성도시계획연구회」와 「도시계획운동」」, 『서울학연구』 15호, 서울시립대학교 서울학연구소, 2000
- 김명숙, 「일제시기 경성부 소재 총독부 관사에 관한 연구」, 서울대학교 석사학위논문, 2004
- 김명숙·전봉희, 「일제강점기 경성부에 지어진 관사의 단지적 성격」, 『대한건축학회 학술발표대회 논문집-계획계/구조계』 23권 2호, 대한건축학회, 2003

제2부. 조선이 낳은 천재, 건축왕 되다

- 구경하·김경민, 「1920년대 근대적 디벨로퍼의 등장과 그 배경」, 『한국경제지

리학회지』 17권 4호, 한국경제지리학회, 2014.
- 이금도·서치상, 「조선총독부 발주 공사의 입찰방식과 일본청부업자의 수주 독점행태」, 『대한건축학회논문집-계획계』 22권 6호, 대한건축학회, 2006
- 김정동, 「일제하 우리 건설업 분야의 상황에 관한 소고」, 『건축·도시환경연구』 3권, 목원대학교 건축·도시연구센터, 1995
- 김란기, 「근대 한국의 토착민간 자본에 의한 주거건축에 관한 연구」, 『건축역사연구』 1권 1호, 한국건축역사학회, 1992
- 김란기, 「한국 근대화 과정의 건축제도와 장인활동에 관한 연구: 개량전통주택을 중심으로」, 홍익대학교 박사학위논문, 1989
- 森悟一, 「朝鮮家屋の改善に就きて」, 『京城日報』, 1931. 5. 28~29; 모리 고이치森悟一, 「조선가옥개선에 대하야」, 『조선』 15권 12호, 조선총독부, 1931
- 전병재·조성윤, 「일제 침략기 경성부 주민의 토지 소유와 변동」, 『서울학연구』 6호, 서울시립대학교 서울학연구소, 1995
- 정세권, 「나날이 위미萎靡되여 가는 가옥매매로 본 조선인의 경제」, 『실생활』 3권, 장산사, 1932.
- Peter Hall, Cities of Tomorrow, Wiley-Blackwell Publishers, 2002
- 정기황, 「서울 도시한옥의 적응태」, 서울시립대학교 박사학위논문2
- 한승헌, 『재판으로 본 한국현대사』, 창비, 2016
- 이준구·강호성 편저, 『조선의 부자』, 스타북스, 2006
- 정몽화, 『구름따라 바람따라』, 학사원, 1998
- 김란기·윤도근, 「일제하 민족건축생산업자에 관한 연구: 개량한옥 건설업자

김종량 정세권을 중심으로」, 『대한건축학회학술발표대회 논문집-계획계』 9권 2호, 대한건축학회, 1989

- 정세권, 「건축계로 본 경성」, 『경성편람』, 홍문사, 1929.
- 이태준, 「복덕방」, 『조광』, 조선일보사출판부, 1937
- 손정목, 「회사령연구」, 『한국사연구』 45호, 한국사연구회, 1984
- Stephen. P. Peca, Real Estate Development and Investment: A Comprehensive Approach, Wiley, 2009.
- 아발론베이AvalonBay 회사 소개(http://investors.avalonbay.com) (2016년 기준).
- 김경민, 『도시개발, 길을 잃다』, 시공사, 2011
- 정세권, 「주택개선안」, 『실생활』 7권 4호, 장산사, 1936
- 이경아, 「정세권의 중당식 한옥에 대한 연구」, 『대한건축학회 추계학술발표대회 논문집』 3권 2호, 대한건축학회, 2015
- 스나모토 후미히코, 「경성부의 교외주택지에 관한 연구: 명수대주택지를 둘러싼 언설과 공간을 중심으로」, 『서울학연구』 35호, 2009
- Ebenezer Howard. Garden Cities of To-morrow. London : S. Sonnenschein & Co.,Ltd. 1902.
- 염복규, 「전원도시로 가는 길?: 식민시기 경성 '남산주회도로'의 부설 과정과 의미」, 『도시연구 : 역사, 사회, 문화』 13호, 도시사학회, 2015

제3부. 우리 집, 우리글을 지켜낸 독립운동가 정세권을 기억하라

- 독립유공자공훈록편찬위원회 편, 『독립유공자 공훈록』 6권, 국가보훈처, 1988
- 정몽화, 『구름따라 바람따라』, 학사원, 1998
- 최태영, 「광산이야기와 제2차 물산장려운동」, 『대한민국학술원통신』 144호, 대한민국학술원, 2005
- 방기중, 『근대 한국의 민족주의 경제사상』, 연세대학교 출판부, 2010
- 황석우, 「반도에 기다인재幾多人材를 내인 영·미·로露·일 유학사」, 『삼천리』 5권 1호, 삼천리사, 1933
- 민세안재홍선생기념사업회, 『안재홍의 항일과 건국사상』, 백산서당, 2010
- 조선일보사 사료연구실, 『조선일보 사람들 : 일제시대 편』, 랜덤하우스중앙, 2004
- 정윤재, 『다사리공동체를 향하여 : 민세 안재홍 평전』, 한울, 2002
- 신용하, 「국내에서의 투쟁」, 한국일보사 편, 『(재발굴) 한국독립운동사 3』, 한국일보사, 1989
- 오미일, 『경제운동 : 한국독립운동의 역사 36』, 독립기념관 한국독립운동사연구소, 2008
- 유광렬, 「민족운동사측면사 : '조선물산장려운동의 전모' 조선물산장려회 이사 정세권」, 『인물계』 1권 2호, 인물계사, 1964
- 한용운, 「백난중분투하는 정세권 씨에게 감사하라」, 『장산』 2권 2호, 1931

- 방기중, 『근대 한국의 민족주의 경제사상』, 연세대학교 출판부 2010
- 조선물산장려회, 『조선물산장려회보』, 1930
- 「사고」, 『실생활』 3권 3호, 장산사, 1932 ; 「본사영업안내」, 『실생활』 3권 5호, 장산사, 1932. 5 ; 「사고」, 『실생활』 3권 6호, 장산사, 1932. 6 ; 「장산사 제9회 결산서」, 『실생활』 6권 1호, 장산사, 1935. 1(방기중, 『근대 한국의 민족주의 경제사상』, 연세대학교 출판부, 2010).
- 「사고 독자필독」, 『실생활』 3권 12호, 1932
- 정용서, 「조선물산장려회의 기관지 발간」, 『근대서지』 5호, 근대서지학회, 2012
- 김경민·박재민, 『리씽킹 서울: 도시, 과거에서 미래를 보다』, 서해문집, 2013
- 박용규, 『조선어학회 항일투쟁사』, 한글학회, 2012
- 고영근, 「이극로의 사회사상과 어문운동」, 『한국인물사연구』 5호, 한국인물사 연구소, 2006
- 이광수, 『나의 고백』, 우신사, 1985
- 최호연, 『조선어학회 청진동 시절 상』, 진명문화사, 1992
- 이극로, 「조선어학회의 발전」, 『한글』 3권 6호, 한글학회, 1935
- 이극로, 「명사 만문만답」, 『조광』, 조선일보사 출판부 1939

  이인, 『반세기의 증언』, 명지대학교 출판부, 1974
- 정세권, 「큰사전 완성을 축하함」, 『한글』 122호, 한글학회, 1957
- 이극로, 조준희 옮김, 『고투사십년: 지구를 한 바퀴 돈 한글학자 이극로 자서전』, 아라, 2014

- 리의도, 「어문규범 갖추기에 쏟은 조선어학회의 노력」, 『국제어문』 59집, 국제어문학회, 2013
- 中央物價統制協力會議 編, 『宅地建物等價格統制令解說』, 日本評論社, 1940
- 정균식, 「기농 정세권의 애국 운동 줄거리」, 『한글새소식』 131호, 한글학회, 1983
- 강성현, 「한국 사상통제기제의 역사적 형성과 보도연맹 사건, 1925~50」, 서울대학교 박사학위논문
- 정균식의 개인 자료, 「(정세권) 경력의 줄거리와 경위」, 1977
- 김현숙, 「일제하 민간 협동조합 운동에 관한 연구」, 『사회와역사』 9권, 1987

그림자료 출처

제1부. 근대적 디벨로퍼의 출현, 토지 전쟁의 서막이 오르다

그림 3 김종근, 「서울 중심부의 일본인 시가지 확산」, 『서울학연구』 20호, 서울시립대학교 서울학연구소, 2003, 208쪽, 214쪽 재정리.

그림 4 경성 지역 관사 건설 : 김명숙, 「일제시기 경성부 소재 총독부 관사에 관한 연구」, 서울대학교 석사학위논문, 2004.

그림 5 경성제국대학 관사 : 『조선과 건축朝鮮と建築』 10집 4호, 조선건축회, 1931. ⓒ서울대학교 중앙도서관

그림 6 통의동 25, 25 3~19의 관사 추정 적산가옥 ⓒ김경민

그림 7 한국인 우위 지역의 변화(1917~1927) : 강병식, 「일제하 서울(경성부) 토지소유변화와 사회상에 대한 연구 : 1920년대를 중심으로」, 『실학사상연구』 3권, 무악실학회, 1992, 223~225쪽 재정리.

제2부. 조선이 낳은 천재, 건축왕 되다

그림 3   뉴욕 테너먼트 건물 도면 : Jacob Riis, How the other half lives : Studies among the Tenements of New York, NewYork : Dover, 1971.

그림 4   테너먼트 건물을 조사하고 있는 감독관 ⓒ미국국립문서기록관리처The National Archives and Records Administration.

그림 10 가회동 31-11번지 건양주택 평면도 : 정세권, 「주택개선안」, 『실생활』 7권 4호, 장산사, 1936. 4.

그림 14 건양사 개발지 : 『조선일보』 광고(1929~1930), 『동아일보』 광고(1930), 『실생활』 광고(1931. 8~1935. 10), 가족의 증언, 등본상 주소 기준으로 재작성 : 김경민 제공

그림 15 펜실베이니아주 레빗타운 : public domain. https://commons.wikimedia.org/wiki/File:LevittownPA.jpg

그림 16 1968년 창신동 한옥집단지구 : 홍성희(ⓒ홍순태) 제공

그림 17 에버니저 하워드의 전원도시 개념도(위), 대경성 중심의 위성도시 계획 (아래) : A Peaceful Path to Real Reform, London : Swan Sonnenschein & Co., Ltd., 1898; 『매일신보』, 「대경성중심의 백년대계」, 1937. 2. 10 한국언론재단 제공

그림 18 1930년대 경성 지역 문화주택단지 건설 : 砂本文彦, 「京城(現ソウル)の 郊外住宅地形成の諸相」, 『日本建築学会計画系論文集』, 日本建築学会, 2007 재정리.

그림 19 경성시가지계획평면도(1936), 『서울지도』, 서울역사박물관, 2006, 110~111쪽.

그림 20 남산주회도로계획도 : 경성시가지계획평면도(1936), 『서울지도』, 서울역사박물관, 2006, 110~111쪽에 재구성.

제3부. 우리 집, 우리글을 지켜낸 독립운동가 정세권을 기억하라

그림 12 빼앗긴 토지의 위치 : 경성부관내도(1930년대), 『서울지도』, 서울역사박물관, 2006, 72~73쪽에 재구성. ⓒ김경민

건축왕 정세권

초판 1쇄 인쇄 2025년 10월 20일
초판 1쇄 발행 2025년 10월 30일

지은이 김경민

발행인 유영준
편집팀 이하정, 임찬규
마케팅 이운섭
디자인 씨오디
인쇄 두성P&L
발행처 와이즈맵
출판신고 2017년 1월 11일 제2017-000130호

주소 서울시 강남구 봉은사로16길 14, 나우빌딩 4층 쉐어원오피스 (우편번호 06124)
전화 02-554-2948
팩스 02-554-2949
홈페이지 www.wisemap.co.kr

ⓒ 김경민, 2025
ISBN 979-11-24011-03-4 (03910)

※ 이 책은 저작권법에 따라 보호받는 저작물이므로 무단 전재와 복제를 금합니다.
※ 와이즈맵은 독자 여러분의 소중한 원고와 출판 아이디어를 기다립니다. 출판을 희망하시는 분은 book@wisemap.co.kr로 원고 또는 아이디어를 보내주시기 바랍니다.
※ 파손된 책은 구입하신 곳에서 교환해 드리며 책값은 뒤표지에 있습니다.

"어느 날 아버지가 집에 오셔서 말씀하셨어요.
'총독부가 불러서 들어갔더니 나보고
왜 한옥만을 건설하느냐고 묻더구나.
우선 무시하고 돌아왔다.'
하지만 중일전쟁의 여파인지는 모르나,
총독부가 지속적으로 아버지에게
일식 주택을 건설하라고 압력을 가했습니다.
아버지는 일본 주택은 절대 지을 수 없다면서,
1940년부터 해방 때까지 주택사업에
손을 대지 않으셨어요."

– 막내딸 정남식 인터뷰 중에서

한국의 대표적인 관광지로 전 세계인들의
사랑을 받는 북촌 한옥마을은
불과 100여 년 전 한 남자에 의해
계획적으로 만들어진 것이다.

조선집을 지어 일본의 북진을 막겠다는 사명감,

서민이 살 수 있는 집을 만들고자 했던 따뜻한 진심,

조선에서 번 돈은 민족을 위해 쓰겠다는 확고한 소신,

한옥마을의 아름다움 뒤에 숨겨진 역사적 의미를 찾다!

값 18,000원

● 이 책의 저자 인세는 전액 '정세권기념사업회'에 기부됩니다.

ISBN 979-11-24011-03-4 03910